PAULO HENRIQUE DE SOUSA

VOANDO ALTO

A ESCALADA EM BUSCA DA EXCELÊNCIA

Sousa, Paulo Henrique de. Voando Alto: A escalada em busca da excelência. 1ª ed. Juína - MT, Brasil: Publicação Autônoma, 2024.

ISBN 978-65-00-90425-3

SOBRE O AUTOR

PAULO HENRIQUE DE SOUSA

- **Graduação em Engenharia Ambiental (Universidade Salgado de Oliveira);**

- **Pós-Graduação em Auditoria e Pericia Ambiental (Facuminas);**

- **Pós-Graduação em Consultoria e Certificação Ambiental (Facuminas);**

- **Pós-Graduação em Projetos e Licenciamento Ambiental (Facuminas);**

- **Pós-Graduação em Recuperação de Áreas Degradadas e Contaminadas (Faculdade Iguaçu);**

- **MBA em Gestão e Tecnologia de Resíduos (Faculdade Iguaçu);**

- **MBA Executivo em Gestão de Agronegócios (Faculdade Iguaçu);**

MENSAGEM DO AUTOR

Este livro representa a consolidação dos projetos realizados ao longo da minha formação acadêmica, abrangendo tanto a graduação quanto os estudos de pós-graduação.

Os trabalhos compilados neste volume foram criados com o objetivo de enriquecer o campo de conhecimento ao qual pertencem, apresentando reflexões e descobertas que são o resultado de extensos anos de estudo e pesquisa.

Ao compilar estes trabalhos em uma única obra, proporciono ao leitor uma visão abrangente sobre os temas abordados, além de divulgar minhas descobertas e percepções para aqueles interessados no campo de estudo em questão.

Assim, este livro se estabelece como uma fonte de referência essencial para estudantes, pesquisadores e todos os que desejam se aprofundar nas minhas contribuições significativas para o âmbito acadêmico.

"Não é a força, mas a constância dos bons propósitos que conduz os homens à felicidade."

Antoine de Saint-Exupéry

AGRADECIMENTOS

Consciente de que nenhuma conquista é fruto do trabalho de uma só pessoa, gostaria de expressar minha sincera gratidão a todos os indivíduos e instituições que confiaram em minha visão e proporcionaram os meios necessários para a sua concretização!

Minha Família e Amigos

Karina, Maria Clara, Cecilia, Dona Cida, Mãe e Pai, Patricia, Priscila, Sorraily.

Meus Professores e Orientadores

Professores, Orientadores do Estágio e Coordenador Bruno.

SUMÁRIO

1

A GESTÃO DE RESÍDUOS DE SERVIÇOS DE SAÚDE APÓS IMPLANTAÇÃO DO SINIR E MTR

DOI: https://doi.org/10.36560/15620221544

Trabalho apresentado com propósitos acadêmicos, sem qualquer exigência formal, durante o Curso de Graduação em Engenharia Ambiental pela UNIVERSO (Universidade Salgado de Oliveira), com base no Relatório apresentado na Disciplina de Estagio I.

RESUMO:

Desde advento da revolução industrial a sociedade humana vem travando uma batalha silenciosa contra aquilo que se tornou símbolo de sua evolução como espécie, os seus resíduos sólidos. Durante décadas essa questão foi negligenciada principalmente em países onde não havia estrutura para gestão e destinação correta para seus resíduos sólidos. Dentre as diversas classificações podemos apontar os resíduos provenientes dos Serviços de Saúde como os mais perigosos para o meio ambiente, devido a sua periculosidade e toxicidade, desta forma buscou-se no Brasil mecanismos para tratar esse problema com a devida ação queexigem, com a implantação de sistemas de gestão como o SINIR e o MTR pode-se vislumbrar melhorias significativas em curto prazo.

Palavras-chave: Resíduos Sólidos, Descarte irregular, Problemas Ambientais, Políticas Públicas, SINIR, MTR.

ABSTRACT:

Since the advent of the industrial revolution, human society has been fighting a silent battle against what has become a symbol of its evolution as a species, its solid waste. For decades, this issue was neglected mainly in countries where there was no structure for the correct management and disposal of their solid waste. Among the various classifications, we can point out the waste from Health Services as the most dangerous for the environment, due to its dangerousness and toxicity. implementation of management systems such as SINIR and MTR, significant improvements can be seen in the short term.

Keywords: Solid Waste, Irregular Disposal, Environmental Problems, Public Policy, SINIR, MTR.

INTRODUÇÃO

Observando o cenário atual podemos verificar que um dos grandes gargalos das sociedades industriais é de como gerenciar os crescentes montantes de resíduos gerados pela atividade de consumo humano. Esse panorama sempre me alertou em investigar melhor e buscar formas de atacar o problema oriundo desses descartes por muitas vezes realizados de formas irresponsáveis causando sérios e irreversíveis desastres ambientais.

Através desse pensamento tomei por decisão trilhar um caminho de descobertas que me pudesse agregar informações sobre esses horizontes de eventos, bem com as soluções que utilizam para minimizar os impactos das suas atividades.

Verifiquei que recentemente a legislação ambiental criou mecanismos para gerenciamento e controle das emissões de Resíduos, seu armazenamento, coleta, transporte e disposição final. Deste modo apresento neste artigo a concepção do que é um Resíduo Sólido, sua classificação como RSS (Resíduo de Sistema de Saúde), e como a Portaria 280/2020 implica seu gerenciamento correto.

DEFINIÇÕES DE RESÍDUOS

Tendo em vista o que foi apresentado na introdução deste trabalho é importante para o balizamento deste relatório determinar o que é um resíduo e suas classificações, para que fique mais palatável ao leitor.

Com base na PNRS (Política Nacional de Resíduos Sólidos), instituída através da Lei 12.305/2010, podemos definir como Resíduos Sólidos todo material, substância, objeto ou bem descartado como resultante da atividade humana em sociedade.

Com objetivo de separar os Resíduos Sólidos de modo a dar as destinações corretas para cada tipo fez se necessário a criação de um sistema de classificação com base na sua periculosidade, conforme descrito no quadro abaixo:

CLASSE 1: Perigosos

CLASSE 2: Não perigosos
    Classe 2A – Não Inertes
    Classe 2B – Inertes

Bem como os RSS (Resíduos de Serviços de Saúde), que também são parte integrantes dos resíduos sólidos urbanos, sendo eles representados por medicamentos fora da validade, agulhas, seringas, gazes, bandagens, algodões, meios de culturas, luvas descartáveis, dentre outros. Esse tipo de resíduo possui componentes químicos e biológicos que podem apresentar graves riscos ambientais, sendo necessária uma atenção especial de separação, armazenagem, coleta, transporte e destinação final.

De acordo com a RDC ANVISA nº 306/04 e a Resolução CONAMA 380/2005, os Resíduos de Serviços de Saúde deverão ser classificados em cinco grupos distintos conforme quadro abaixo:

GRUPO A: Engloba os componentes com possível presença de agentes biológicos que, por suas características de maior virulência ou concentração, podem apresentar risco de infecção. Exemplos: placas e lâminas de laboratório, carcaças, peças anatômicas (membros), tecidos, bolsas transfusionais contendo sangue, dentre outras.

GRUPO B: Contém substâncias químicas que podem apresentar risco à saúde pública ou ao meio ambiente, dependendo de suas características de inflamabilidade, corrosividade, reatividade e toxicidade. Exemplos: medicamentos apreendidos, reagentes de laboratório, resíduos contendo metais pesados, dentre outros.

GRUPO C: Quaisquer materiais resultantes de atividades humanas que contenham radionuclídeos em quantidades superiores aos limites de eliminação especificados nas normas da Comissão Nacional de Energia Nuclear – CNEN, como, por exemplo, serviços de medicina nuclear e radioterapia etc.

GRUPO D: Não apresentam risco biológico, químico ou radiológico à saúde ou ao meio ambiente, podendo ser equiparados aos resíduos domiciliares. Exemplos: sobras de alimentos e do preparo de alimentos, resíduos das áreas administrativas etc.

GRUPO E: Materiais perfurocortantes ou escarificantes, tais como lâminas de barbear, agulhas, ampolas de vidro, pontas diamantadas, lâminas de bisturi, lancetas, espátulas e outros similares.

SINIR – SISTEMA NACIONAL DE INFORMAÇÕES SOBRE A GESTÃO DE RESÍDUOS SÓLIDOS

Em conformidade com a Portaria 280/2020 que trata da instituição do SINIR (Sistema Nacional de Informações sobre a Gestão de Resíduos Sólidos), bem como a implantação do MTR (Manifesto de Transporte de Resíduos), que se trata de uma ferramenta de gestão e de documento declaratório de implantação e operacionalização do plano de gerenciamento de resíduos.

Em transcrição do artigo 1º da Portaria 280/2020 fica definido:

```
Art. 1º Regulamentar os arts. 56 e 76 do Decreto nº 7.404, de 23
de dezembro de 2010, e o art. 8º do Decreto nº 10.388, de 5 de
junho de 2020, e instituir o Manifesto de Transporte de Resíduos -
MTR, como ferramenta de gestão e documento de declaração nacional
de implantação e operacionalização do plano de gerenciamento de
resíduos sólidos.
§ 1º O MTR é uma ferramenta online, autodeclaratório, válido no
território nacional, emitido pelo Sistema Nacional de Informações
sobre a Gestão de Resíduos Sólidos - SINIR.
§ 2º O SINIR é o sistema de coleta, integração, sistematização e
disponibilização de dados de operacionalização e implantação dos
planos de gerenciamento de resíduos sólidos.
§ 3º A ferramenta online do MTR não envolve custos para sua
utilização.
```

Deste modo todos os meses as empresas tem obrigatoriedade de acessar o sistema do SINIR e produzir o MTR (Manifesto de Transporte de Resíduos).

O MTR consiste em um documento que consta os dados da empresa geradora dos resíduos, os dados da empresa responsável pelo transporte, bem como da empresa que dará a destinação final a esses resíduos. O caminho natural para a destinação desses resíduos é a incineração.

Por ser um documento obrigatório em todo o território nacional, o MTR é indispensável nas atividades das empresas da área de saúde (geradoras dos resíduos), pois são fiscalizadas tanto pela SEMA (Secretaria de Estado de Meio ambiente), bem como pela ANVISA (Agencia Nacional de Vigilância Sanitária), em vistoriais anuais que dentre outras averiguações faz checagem de como a empresa tem destinado os resíduos decorrentes de sua atividade.

Antes da implantação do SINIR e do MTR o gerenciamento de resíduos era bem precário, pois não havia uma normatização, podendo esses resíduos virem a ser descartados de modo irregular, vindo a contaminar solo e lençol freático.

Esse novo processo de tratamentos dos RSS garante uma rastreabilidade por parte dos órgãos governamentais de quais estabelecimentos estão fazendo os descartes de modo correto, que tipo de resíduos é mais produzido e assim alinhas políticas públicas para equilibrar essa balança.

CONSIDERAÇÕES FINAIS

Neste artigo abordei assuntos relacionados a gestão dos Resíduos do Sistema de Saúde, sua separação, armazenamento, coleta, transporte e destinação final, bem como o acompanhamento das atividades da empresa no seu dia a dia.

Essa experiência foi muito importante para que pudesse tem um melhor embasamento sobre o assunto, acompanhando na prática a forma que os Resíduos do Sistema de Saúde são tratados, bem como as suas implicações ambientais. Podendo aperfeiçoar e dar seguimento em minha formação profissional.

REFERÊNCIAS BIBLIOGRAFICAS

Acessado em 09/09/2021: https://mtr.sinir.gov.br/#/

Acessado em 10/09/2021: http://www.planalto.gov.br/ccivil_03/_ato2007-2010/2010/lei/l12305.htm

Acessado em 10/09/2021: https://www.in.gov.br/en/web/dou/-/portaria-n-280-de-29-de-junho-de-2020-264244199

Acessado em 10/09/2021: https://www.ambientec.com/residuos-do-servico-de-saude/

2

O GERENCIAMENTO DE RESÍDUOS DE CONSTRUÇÃO E DEMOLIÇÃO À LUZ DA PNRS E LEGISLAÇÕES CORRELATAS

DOI: https://doi.org/10.36560/151220221605

Trabalho apresentado com propósitos acadêmicos, sem qualquer exigência formal, durante o curso de Graduação em Engenharia Ambiental pela UNIVERSO (Universidade Salgado de Oliveira), com base no Relatório apresentado na Disciplina de Estagio II.

RESUMO:

A humanidade gerou um desequilíbrio ambiental sem precedentes, devido as suas ações predatórias balizadas pelo mito da natureza intocada, onde os recursos não cessariam. Durante todo esse processo de transformação do ambiente natural ficou pelo caminho um rastro de destruição responsável por desastres atuais como enchentes, incêndios, doenças, dentre outras. Mais recentemente buscou-se então criar medidas de contenção, afim de mitigar e sanar os problemas ambientais causados por séculos de atividades exploratórias. Surge no Brasil a PNRS em conjunto com outras legislações afim de dar luz e solução aos obstáculos inerentes aos resíduos sólidos.

Palavras-chave: Resíduos Sólidos, PNRS, RCD

ABSTRACT:

Humanity has generated an unprecedented environmental imbalance, due to its predatory actions based on the myth of untouched nature, where resources would not cease. During this entire process of transformation of the natural environment, a trail of destruction was left behind, responsible for current disasters such as floods, fires, diseases, among others. More recently, efforts were made to create containment measures in order to mitigate and remedy the environmental problems caused by centuries of exploratory activities. The PNRS appears in Brazil together with other legislations in order to shed light and solve the obstacles inherent to solid waste.

Keywords: Solid Waste, PNRS, RCD

INTRODUÇÃO

Um dos setores mais pujantes da economia brasileira nos últimos anos tem sido o da construção civil, responsável por significativa parcela de contribuição para o PIB nacional. Conforme dados do IBGE (Instituto Brasileiro de Geografia e Estatística), no último trimestre de 2021 houve significativa recuperação na ordem de 3,9%, mesmo em período de pandemia de Covid19, elevação dos custos e materiais e falta de mão de obra qualificada.

Apesar de ser um dos diferenciais da nossa economia, o setor da construção civil representa um grande gerador de resíduos sólidos. Por vezes é tratado de modo irresponsável, tanto pela ainda precariedade de processos e sistemas de acompanhamento e gestão até disposição final, como pela completa ausência de cuidados por parte das construtoras e/ou proprietários de imóveis.

> Segundo Roth (2009), a construção civil é um dos elementos que contribui significativamente para a geração de rejeitos de grande potencial poluidor (ROTH, 2009).

No que se refere a precariedade dos processos de gestão dos RCD (Resíduos da Construção e Demolição), embora haja legislação suficiente para abarcar todos os problemas que possam vir a surgir, seja através da Política Nacional de Resíduos Sólidos (Lei 12.305/2010) e da resolução CONAMA nº 307/2002, ocorre que em muitas prefeituras não há a estruturação e o devido acompanhamento da disposição final ambientalmente adequada desses resíduos. Essa ausência de direcionamento de políticas básicas contribui para diversos casos de contaminação do solo e das águas devido ao descarte indevido dos RCDs pelos seus geradores.

Este artigo busca elucidar com base na legislação da PNRS os conceitos gerais no âmbito dos Resíduos da Construção e Demolição, seu manuseio dentro das expectativas ambientalmente aceitas e as formas como podem ser reutilizados sem que haja danos ao meio ambiente.

CARACTERIZAÇÃO DE RESÍDUOS, A POLÍTICA NACIONAL DE RESÍDUOS SÓLIDOS (PNRS) E A GESTÃO DE RCDs

Como Resíduos Sólidos podemos definir todos os materiais descartados que chegaram ao fim de sua vida útil. Esses resíduos são produzidos por residências, estabelecimentos comerciais, industriais, hospitalares e instalações físicas em geral.

Conforme a normatização da NBR 10.004 os Resíduos Sólidos podem ser classificados da seguinte forma:

Classe I – Perigosos

Classe II A – Não Inertes
Classe II B – Inertes

Os Resíduos Sólidos ainda podem ser classificados conforme sua fonte geradora, por exemplo, podendo ser Resíduos Urbanos, Industriais, Construção e Demolição, Serviços de Saúde, agrícolas, dentre outros. Com o objetivo de regulamentar esse setor foi pensada a PNRS, afim de atender as necessidades de manuseio e descarte mais adequado a cada tipo de resíduo.

Desta forma a Política Nacional dos Resíduos Sólidos (PNRS) foi instituída pela Lei 12.305/2010, dispondo sobre seus princípios, objetivos e instrumentos, bem como sobre as diretrizes relativas à gestão integrada e ao gerenciamento de resíduos sólidos, incluídos os perigosos, às responsabilidades dos geradores e do poder público e aos instrumentos econômicos aplicáveis.

Conforme define o artigo 13, letra h da Lei n° 12.305/2010 que trata da Política Nacional dos Resíduos Sólidos. Cito:

```
h) resíduos da construção civil: os gerados nas construções,
reformas, reparos e demolições de obras de construção civil,
incluídos os resultantes da preparação e escavação de terrenos
para obras civis;
```

Conforme a normatização da NBR 15.114 classifica os resíduos da construção e demolição (RCDs) em cinco classes, conforme tabela abaixo são:

CLASSE A: Resíduos reutilizáveis ou recicláveis como agregados de construções, reforma e demolição de pavimentos, de obras de infraestrutura (incluso solo), de edificações (tijolos, argamassa, concreto etc.) e de fabricação e/ou demolição de pré-moldados de concreto produzidos em obras.

CLASSE B: Resíduos recicláveis para outras destinações, tais como plásticos, papel, metais e madeiras.

CLASSE C: Resíduos para cuja reciclagem/recuperação não foram desenvolvidas tecnologias economicamente viáveis, como o gesso.

CLASSE D: Resíduos perigosos, como tintas, solventes e óleos, e oriundos de obras em clínicas radiológicas, instalações industriais e outros.

Uma gestão correta dos RCDs (Resíduos de Construção e Demolição), é importante para que haja redução nos custos de limpeza urbana, redução dos impactos na exploração de jazidas, preservação da paisagem urbana, dentre outros benefícios que possam ser aplicados.

Em muitos municípios os resíduos que são destinados de forma legal são direcionados todos para o aterro sanitário através das empresas de Disk Entulho, geralmente os proprietários das obras possuem duas opções. Contratar a empresa de entulhos ao iniciar a execução obra, ou dispor os resíduos em local protegido para evitar acumulo de água (para não haver proliferação de doenças como a dengue e animais peçonhentos), e após finalização da obra fazer a contratação da empresa para retirada do material e disposição final no aterro.

As empresas que trabalham com o Disk entulho fazem a coleta dos materiais com caçambas que são deixadas nas obras até que se encham e posteriormente passam coletando as cheias e deixando outra vazia. Evidentemente que para descartar os resíduos no aterro sanitário essas empresas pagam uma taxa mensal para as prefeituras.

Embora haja por parte das prefeituras de muitos municípios a fiscalização pela aplicação das regras de disposição adequada dos resíduos, ainda há diversas obras menores que não agem em conformidade. É comum ver em locais mais afastados do centro urbano montes de entulhos de construção descartados ao largo da via, ocorre que em obras de pequeno porte não há a sensibilidade de contratar a empresas como as de Disk Entulho, seja por questão financeiras, ou mesmo por possuir meios próprios como uma camionete, ou carretinha conectada em motos, fazendo o transporte e descarte irregular desses materiais.

Entretanto essa realidade talvez não seja aplicada da mesma forma em outras partes do Brasil, visto que essas regulamentações são tratadas como políticas locais, variando de um município para outro. Bem como a gestão pode ser mais aprimorada em algumas localidades, podendo inclusive já terem um programa de reuso desses resíduos, visto o impacto financeiro favorável com base na economia que resultaria.

Em 2010 a Associação Brasileira para Reciclagem de Resíduos da Construção Civil e Demolição (ABRECON), apresentou uma estimativa que no Brasil atualmente deixa-se de economizar cerca de oito bilhões de reais ao ano, por não reciclar materiais de construção. (ABRECON, 2010).

Estatisticamente o RCD é responsável por 60% de todo os resíduos sólidos descartados em áreas urbanas e somente 70% são reaproveitados (ABRECON, 2011). No ano de 2017, as cidades brasileiras coletaram por dia 123.421 toneladas de RCD. (ABRELPE, 2018).

O aproveitamento dos resíduos da construção e demolição - RCD é uma das ações que devem ser popularizadas na construção civil. Esses resíduos apresentam elevado potencial de reaproveitamento e reciclagem. A exigência da incorporação desses materiais em alguns produtos podem ser uma alternativa para economia de matéria prima e energia (SPOSTO, 2006).

De acordo com Pinto (1999), se todo RCD gerado nas cidades de médio e grande porte passasse por processo de reutilização, seria suficiente para atender a demanda de matéria prima para construção de novas casas e vias.

Segundo Pinto (1999), o Brasil teve início a reciclagem de resíduos da construção civil na década de 80, com uso de um equipamento de pequeno porte denominado "Masseiras-Moinhos". Em 1991, começaram a surgir equipamentos de grande porte para serem utilizados.

Normalmente, o processo de reutilização se resume na britagem dos resíduos da construção e demolição – RCD classe A, reduzindo sua granulometria e produzindo o agregado reutilizado. No entanto, antes de iniciar o processo é necessário a separação e retirada de materiais indesejáveis tais como: vidro, metais, borracha e madeira (ÂNGULO, 2005).

A reutilização de entulho pode gerar baixo custo em relação ao custo dos materiais convencionais, por ser fruto de reuso.

CONSIDERAÇÕES FINAIS

A Política Nacional do Resíduos Sólidos (PNRS) vem para consolidar uma nova agenda transformadora, na qual o meio ambiente passa a ser tratado de forma mais equilibrada, atendendo tanto às necessidades econômicas da sociedade, quanto da urgência de ações de proteção e reparação exigidas pela natureza.

O Reuso dos RCDs contribui diretamente com a PNRS no que concerne a transformação de materiais que por coincidência pudessem ser descartados de modo irresponsável, evitando contaminação do solo e dos recursos hídricos, além e evitar a proliferação de animais peçonhentos e disseminação de doenças.

Economicamente se torna viável para construção, pois possibilita o acesso a material de reuso mais barato e de qualidade similar aos materiais ainda não usados anteriormente, possibilitando uma diminuição nos custos da construção e tornando mais acessível para comunidades de baixa renda.

Assim tanto o ambiente natural, quanto ao dominado pelas ações do homem podem conviver em harmonia, respaldados pela legislação da PNRS e outras correlatas que garantem um equilíbrio saudável de convivência.

REFERÊNCIAS BIBLIOGRÁFICAS

Decreto 10.936/2022. Disponível em: http://www.planalto.gov.br/ccivil_03/_Ato2019-2022/2022/Decreto/D10936.htm#art91. Acessado em 22/02/2022.

Lei 12.305/2010 (PNRS). Disponível em: http://www.planalto.gov.br/ccivil_03/_ato2007-2010/2010/lei/l12305.htm. Acessado em 22/02/2022.

Resolução CONAMA 307/2002. Disponível em: https://www.legisweb.com.br/legislacao/?id=98303. Acessado em 22/02/2022.

ABNT NBR 10.004. Disponível em: https://analiticaqmcresiduos.paginas.ufsc.br/files/2014/07/Nbr-10004-2004-Classificacao-De-Residuos-Solidos.pdf. Acessado em 22/02/2022.

ABNT NBR 15.114. Disponível em: http://licenciadorambiental.com.br/wp-co
ntent/uploads/2015/01/NBR-15.114-RCC-e-%C3%81reas-de-Reciclagem.pdf.
Acessado em 22/02/2022.

Resíduos da construção civil: construindo valores de sustentabilidade.
Disponível em: https://www.vgresiduos.com.br/blog/residuos-da-construca
o-civil-construindo-valores-de-sustentabilidade/. Acessado em 22/02/2022.

Resíduos sólidos: o que são, legislação a respeito, como destinar e tratar
corretamente. Disponível em: https://www.vgresiduos.com.br/blog/residuos-
solidos-o-que-sao-legislacao-a-respeito-e-como-destinar-e-tratar-corre
tamente/. Acessado em 22/02/2022.

3

REUSO DE ÁGUA DA CHUVA EM RESIDÊNCIAS: UMA ALTERNATIVA SUSTENTÁVEL PARA A GESTÃO DE RECURSOS HÍDRICOS

DOI: https://doi.org/10.51249/jid.v4i02.1266

Trabalho apresentado com propósitos acadêmicos, sem qualquer exigência formal, durante o curso de Graduação em Engenharia Ambiental pela UNIVERSO (Universidade Salgado de Oliveira), com base na Disciplina de Reúso de Água e Efluentes Industriais.

RESUMO:

O reuso de água da chuva em residências é uma alternativa sustentável para a gestão de recursos hídricos, visando preservar a água potável e reduzir o desperdício. Apesar de enfrentar desafios técnicos, financeiros e regulatórios, essa prática pode contribuir para a gestão sustentável dos recursos hídricos, gerando benefícios ambientais, sociais e econômicos. É fundamental que a sociedade se conscientize sobre a importância da preservação dos recursos hídricos e adote medidas para sua gestão sustentável.

Palavras-chave: Reuso de água da chuva, Gestão sustentável de recursos hídricos, Preservação de recursos hídricos, Redução de desperdício.

ABSTRACT:

The reuse of rainwater in households is a sustainable alternative for water resource management, aiming to preserve potable water and reduce waste. Despite facing technical, financial, and regulatory challenges, this practice can contribute to sustainable water resource management, generating environmental, social, and economic benefits. It is essential for society to become aware of the importance of water resource preservation and adopt measures for sustainable management.

Keywords: Reuse of rainwater, Sustainable water resource management, Preservation of water resources, Waste reduction.

INTRODUÇÃO

A água é um elemento essencial para a vida humana e para o desenvolvimento das sociedades. Desde os primórdios, a água tem sido utilizada para saciar a sede, para a higiene pessoal e para a produção de alimentos. Atualmente, a água também é utilizada para fins industriais e comerciais, tornando-se um recurso cada vez mais valioso e escasso em grande parte devido a ação humana que contamina os mananciais inviabilizando seu uso.

Apesar de ser abundante no planeta, apenas cerca de 3% da água existente é doce e, desse total, apenas 1% está disponível para consumo humano. Isso significa que, apesar de toda a água que vemos em rios, mares e oceanos, a água potável é uma raridade. A escassez de água é um problema que afeta diversas regiões do mundo, especialmente em áreas de clima seco ou com grande demanda populacional.

> O cenário ambiental atual chama a atenção para a importância de proteger os recursos hídricos. Carli, De Conto, Beal e Pessin (2013, p. 145)

Diante dessa situação, é fundamental implantar alternativas para preservar os recursos hídricos e garantir que todos tenham acesso à água potável. Nesse contexto, o reuso de água da chuva em residências surge como uma alternativa viável e sustentável. Ao coletar e armazenar a água da chuva que cai nos telhados das residências, é possível utilizá-la para fins não potáveis, como a irrigação de jardins e a descarga de banheiros, lavagem de carros e calçadas. Dessa forma, a água potável é preservada para o consumo humano e o desperdício é reduzido.

No entanto, a implantação de sistemas de reuso de água da chuva em residências ainda é pouco difundida e enfrenta desafios técnicos, financeiros e regulatórios. Além disso, muitas pessoas ainda não compreendem a importância da preservação dos recursos hídricos e não têm acesso a informações sobre o reuso de água da chuva em residências.

Por isso, é fundamental que a sociedade como um todo se conscientize sobre a importância da gestão sustentável dos recursos hídricos e adote medidas para preservá-los. A adoção do reuso de água da chuva em residências pode ser uma forma de contribuir para essa causa, reduzindo o impacto ambiental e gerando economia na conta de água das famílias. Neste trabalho, analisarei os benefícios e desafios do reuso de água da chuva em residências, buscando compreender suas implicações sociais, econômicas e ambientais.

REUSO DE ÁGUA DA CHUVA

O reuso de água da chuva em residências tem se destacado como uma prática sustentável para a gestão de recursos hídricos. Essa prática vem sendo adotada em diversas partes do mundo e é uma resposta aos desafios enfrentados pela humanidade em relação ao uso da água. Como aponta o filósofo Hans Jonas, o uso dos recursos naturais deve ser pautado pela ética da responsabilidade, que implica a busca por soluções que levem em conta as gerações futuras.

Atualmente, a demanda por água potável tem crescido em todo o mundo, enquanto os recursos hídricos são cada vez mais escassos e ameaçados. Nesse contexto, a prática de reuso de água da chuva em residências se destaca como uma alternativa que busca preservar os recursos naturais e reduzir a demanda por água potável fornecida pela rede pública. Como aponta o filósofo Peter Singer, é preciso buscar soluções que reduzam o impacto humano no meio ambiente, garantindo a sustentabilidade das gerações presentes e futuras.

Além disso, o reuso de água da chuva em residências pode trazer benefícios econômicos e ambientais. Ao reduzir a demanda por água potável, os custos com contas de água podem ser reduzidos significativamente, o que se alinha com a teoria da economia ecológica, que busca conciliar o desenvolvimento econômico com a preservação ambiental. Além disso, a prática de reuso de água da chuva também ajuda a preservar os recursos hídricos, reduzindo a necessidade de construir novas represas e sistemas de tratamento de água. Esse alinhamento entre economia e meio ambiente é destacado pelo economista Nicholas Stern, que defende a necessidade de se buscar soluções que levem em conta os impactos ambientais e os custos econômicos a longo prazo.

No entanto, é importante ressaltar que o reuso de água da chuva em residências não é uma solução completa para a gestão de recursos hídricos. Como aponta o ecologista Garrett Hardin, é necessário considerar as limitações dos recursos naturais e adotar medidas que levem em conta a sua finitude. Nesse sentido, o reuso de água da chuva deve ser visto como um complemento ao fornecimento de água potável e não como uma substituição completa.

É fundamental destacar que o reuso de água da chuva em residências requer cuidados especiais em relação à segurança sanitária. Como destaca o filósofo Michel Foucault, é preciso considerar os aspectos políticos e sociais que envolvem a gestão da água e garantir que essa prática seja realizada de forma segura e eficiente. A água da chuva pode conter poluentes e bactérias, portanto, deve ser filtrada e armazenada adequadamente antes de ser utilizada. É fundamental que a instalação do sistema de reuso de água da chuva seja realizada por profissionais qualificados e que sejam seguidas as normas técnicas para garantir a segurança e eficiência do sistema.

Segundo o filósofo Jeremy Bentham, a utilidade deve ser o princípio orientador das ações humanas. Nesse sentido, o reuso de água da chuva em residências pode ser considerado uma prática útil e vantajosa, uma vez que apresenta diversos benefícios ambientais, econômicos e sociais.

Em termos ambientais, o reuso de água da chuva contribui para a preservação dos recursos hídricos e redução do impacto ambiental causado pela captação de água potável. Além disso, a prática pode ajudar a reduzir a poluição dos corpos d'água, uma vez que a água da chuva que seria escoada pelas ruas e lixos é aproveitada para outras finalidades. Essa relação entre meio ambiente e utilidade é defendida pelo filósofo John Stuart Mill, que argumenta que ações que buscam o bem-estar geral devem levar em conta as consequências para o meio ambiente.

Em termos econômicos, o reuso de água da chuva pode contribuir para a redução dos custos com água potável, principalmente em áreas onde a tarifa de água é elevada ou o abastecimento é irregular. Além disso, a prática pode ajudar a reduzir o consumo de energia elétrica, uma vez que a captação e tratamento de água potável consome muita energia e outros insumos. Essa relação entre economia e meio ambiente é destacada pelo economista Herman Daly, que defende a importância de conciliar o desenvolvimento econômico com a preservação ambiental.

Em termos sociais, o reuso de água da chuva pode contribuir para o engajamento da população em práticas sustentáveis, promovendo a educação ambiental e a conscientização sobre a importância da preservação dos recursos naturais. Além disso, a prática pode ajudar a reduzir a vulnerabilidade das famílias em relação à falta de água potável em tempos de crise, como em períodos de estiagem ou emergências sanitárias. Essa relação entre sociedade e meio ambiente é enfatizada pelo sociólogo Ulrich Beck, que argumenta que é preciso levar em conta as dimensões sociais e culturais das questões ambientais.

No entanto, é importante destacar que o reuso de água da chuva em residências também apresenta desafios e limitações. Um dos principais desafios é a garantia da segurança sanitária do sistema de reuso de água da chuva, que deve ser instalado e mantido de acordo com as normas técnicas e sanitárias. Além disso, é preciso considerar os custos de instalação e manutenção do sistema, que podem ser elevados e inviabilizar a prática em algumas regiões. Esses desafios e limitações são discutidos pelo filósofo Amartya Sen, que destaca a importância de levar em conta as desigualdades sociais e econômicas na implementação de políticas ambientais.

Outro desafio do reuso de água da chuva em residências é a variabilidade da disponibilidade de água da chuva ao longo do tempo. Em algumas regiões, a quantidade de chuva é insuficiente para atender às demandas das residências, o que limita o potencial de reuso. Além disso, a qualidade da água da chuva pode ser afetada por fatores como a poluição do ar e a contaminação por materiais acumulados nos telhados das residências. Esses desafios são discutidos pelo ecologista Garrett Hardin, que enfatiza a importância de considerar os limites dos recursos naturais e adotar medidas que levem em conta a sua finitude.

Diante desses desafios e benefícios, é importante que o reuso de água da chuva em residências seja adotado de forma consciente e responsável. É preciso levar em conta as características climáticas e geográficas da região, bem como as normas técnicas e sanitárias para a instalação e manutenção do sistema. Além disso, é fundamental promover a conscientização da população sobre a importância da preservação dos recursos naturais e a adoção de práticas sustentáveis em seu cotidiano. Dessa forma, o reuso de água da chuva em residências pode ser uma alternativa eficaz e sustentável para a gestão de recursos hídricos, contribuindo para a construção de uma sociedade mais consciente e responsável em relação ao meio ambiente.

Segundo o economista Amartya Sen, a questão da justiça social é fundamental quando se trata de políticas públicas voltadas para o meio ambiente. Em sua visão, é preciso garantir o acesso equitativo aos recursos básicos, como a água, para todas as camadas da população. Nesse sentido, a implantação de sistemas de reuso de água da chuva em residências pode gerar benefícios para a sociedade, mas é importante considerar que essa prática requer um investimento inicial que pode ser alto. Sen destaca a importância de os governos oferecerem incentivos fiscais e linhas de crédito para tornar essa tecnologia mais acessível a todas as camadas da população.

Já o sociólogo Manuel Castells argumenta que a implantação de tecnologias sustentáveis pode ter um impacto positivo no valor dos imóveis. Segundo ele, a adoção de práticas sustentáveis, como o reuso de água da chuva, pode tornar o imóvel mais atrativo para os consumidores que buscam uma forma de contribuir para a preservação do meio ambiente. Esse fator pode aumentar o valor do imóvel no mercado e gerar um retorno financeiro para os proprietários que investiram na tecnologia.

Ao considerar essas diferentes perspectivas, é possível apontar que o reuso de água da chuva em residências pode trazer diversos benefícios sociais e econômicos, mas é preciso garantir a equidade social e a sustentabilidade ambiental. Nesse sentido, é fundamental que os governos incentivem a adoção de práticas sustentáveis e ofereçam suporte para tornar essa tecnologia acessível a todas as camadas da população. Além disso, é necessário promover a conscientização da população sobre a importância da preservação dos recursos naturais e a adoção de práticas sustentáveis em seu cotidiano. Somente assim poderemos construir um futuro mais justo, equitativo e sustentável para todos.

CAPTAÇÃO DA ÁGUA DAS CHUVAS

Uma das tecnologias mais simples e eficientes para a captação das águas das chuvas é o uso de calhas e condutores. As calhas são instaladas nos telhados das casas e prédios para coletar a água da chuva que escorre pelo telhado, e os condutores são usados para direcionar a água coletada para um reservatório. Esse reservatório pode ser enterrado ou aéreo, dependendo da disponibilidade de espaço. Essa tecnologia é de baixo custo e fácil de instalar, podendo ser usada em qualquer tipo de construção.

A captação e aproveitamento da água das chuvas que cai nos telhados é a forma mais simples de coleta. A água da chuva é escoada por condutores verticais e horizontais (calhas) até um reservatório, ou seja, cisternas (Fernandes, Medeiros Neto, & Mattos, 2007).

> Essas cisternas compreendem reservatórios semienterrados para armazenamento de águas pluviais para uso humano, onde é armazenada a água pluvial dos meses chuvosos para ser utilizada nos meses em que a água é escassa (Lima, & Machado, 2008).

> A utilização de cisterna para o armazenamento da água da chuva tem por finalidade a economia de água, porém a qualidade da água cai em ambientes urbanos e por causa das condições dos telhados; dessa forma, opta-se por utilizá-la para uso doméstico como: lavar chão, carro, regar plantas e após tratada para beber, entre outros (Menezes, Santos, Batista, Azevedo, Santana, Silva, & Duarte, 2013).

> Dessa forma, através das cisternas é possível abastecer e preservar a água de residências ou até mesmo comunidades de maneira sustentável e com baixo custo (Menezes, Santos, Batista, Azevedo, Santana, Silva, & Duarte, 2013).

Outra tecnologia que tem se mostrado eficiente na captação das águas das chuvas é o sistema de telhado verde. Essa tecnologia consiste em cobrir o telhado da construção com plantas, que absorvem parte da água da chuva, diminuindo a quantidade de água que escoa para as calhas. Além disso, as plantas ajudam a filtrar a água, deixando-a mais limpa e própria para reutilização. No entanto, essa tecnologia requer um investimento maior e deve ser bem planejada para garantir sua eficiência e durabilidade.

A captação das águas das chuvas pode ser ainda mais eficiente quando combinada com sistemas de reuso da água. Os reservatórios onde a água é armazenada podem ser equipados com sistemas de filtragem e tratamento, tornando a água própria para uso em atividades não potáveis, como a irrigação de jardins, lavagem de carros, limpeza de calçadas. Com essa prática, é possível economizar água potável, que é um recurso escasso e precioso.

Deste modo é importante destacar que a captação das águas das chuvas deve ser realizada de forma segura e responsável. É fundamental que sejam adotadas medidas para evitar a contaminação da água, como a limpeza periódica dos reservatórios e a utilização de materiais adequados para a condução da água. Além disso, é necessário que sejam respeitadas as legislações locais que regulam a captação e o uso das águas das chuvas.

CONSIDERAÇÕES FINAIS

Em conclusão, a captação de água da chuva é uma solução sustentável e viável para a escassez de água em muitas regiões do mundo, especialmente em áreas urbanas. Com a utilização de tecnologias atuais, é possível captar e armazenar a água da chuva de forma eficiente e econômica, contribuindo para a preservação dos recursos hídricos e reduzindo a dependência da água de outras fontes, como rios e aquíferos subterrâneos.

Dentre as tecnologias disponíveis, destacam-se o uso de cisternas, sistemas de infiltração, telhados verdes e dispositivos de reuso. Cada uma dessas tecnologias possui suas particularidades e deve ser escolhida de acordo com as necessidades e características de cada local. É importante lembrar que a implantação de um sistema de captação de água da chuva deve ser bem planejada e executada com cuidado, garantindo sua eficiência e durabilidade.

Além disso, é fundamental considerar a questão da sustentabilidade e da responsabilidade social na implantação de sistemas de captação de água da chuva. É preciso levar em conta a disponibilidade dos recursos naturais, as desigualdades sociais e os impactos ambientais e econômicos das tecnologias utilizadas.

Dessa forma, a captação de água da chuva pode ser uma alternativa sustentável e viável para suprir a demanda de água em muitas regiões do mundo. A utilização de tecnologias atuais e a conscientização da importância da preservação dos recursos hídricos são fundamentais para garantir a eficiência e a durabilidade dos sistemas de captação de água da chuva e para a construção de uma sociedade mais sustentável e responsável.

REFERÊNCIAS BIBLIOGRÁFICAS

Carli, L. N., De Conto, S. M., Beal, L. L., & Pessin, N. (2013). Racionalização do uso da água em uma instituição de ensino superior – Estudo de caso da Universidade de Caxias do Sul. GeAS – Revista de Gestão Ambiental e Sustentabilidade, 2(1), 143-165.

JONAS, Hans. O Princípio Responsabilidade: Ensaio de uma Ética para a

Civilização Tecnológica. São Paulo: Editora Contraponto, 2006.

SINGER, Peter. Ética Prática. São Paulo: Martins Fontes, 1998.

STERN, Nicholas. The Economics of Climate Change: The Stern Review. Cambridge University Press, 2007.

HARDIN, Garrett. The Tragedy of the Commons. Science, v. 162, n. 3859, p. 1243-1248, 1968.

FOUCAULT, Michel. Security, Territory, Population: Lectures at the Collège de France, 1977-1978. Picador, 2009.

FOUCAULT, Michel. The Birth of Biopolitics: Lectures at the Collège de France, 1978-1979. Picador, 2010.

BENTHAM, Jeremy. An Introduction to the Principles of Morals and Legislation. Dover Publications, 2007.

MILL, John Stuart. Principles of Political Economy: With Some of Their Applications to Social Philosophy. Oxford University Press, 1998.

DALY, Herman E. Beyond Growth: The Economics of Sustainable Development. Beacon Press, 1997.

BECK, Ulrich. Risk Society: Towards a New Modernity. Sage Publications, 1992.

BECK, Ulrich. Ecological Enlightenment: Essays on the Politics of the Risk Society. Humanities Press, 1995.

SEN, Amartya. Development as Freedom. Anchor Books, 2000.

SEN, Amartya. The Idea of Justice. Belknap Press, 2009.

HARDIN, Garrett. The Tragedy of the Commons. Science, vol. 162, no. 3859, 1968, pp. 1243-1248.

HARDIN, Garrett. Living Within Limits: Ecology, Economics, and Population Taboos. Oxford University Press, 1993.

SEN, Amartya. Development as Freedom. Oxford University Press, 1999.

SEN, Amartya. Desigualdade Reconsiderada. Editora Record, 2001.

CASTELLS, Manuel. A Sociedade em Rede. Paz e Terra, 1999.

Fernandes, D. R. M., Medeiros Neto, V. B., & Mattos, K. M. da C. (2007) Viabilidade Econômica do Uso da Água da Chuva: Um Estudo de Caso da Implantação de Cisterna na UFRN/RN. XXVII Encontro Nacional de Engenharia de Produção. Foz do Iguaçu, PR, Brasil.

Guterres, A. M., Fernandes, V. M. C., & Barbacovi, N. E. (2013). Utilização de água de fontes alternativas: uma percepção de educação ambiental em uma instituição federal de ensino tecnológico. Revista de Engenharia e Tecnologia, 5 (4).

Lima, J. A., Dambros, M. V. R., Antonio, M. A. P. M., Janzen, J. G., Marcheto, M. (2011). Potencial da economia de água potável pelo uso de água pluvial: análise de 40 cidades da Amazônia. Engenharia Sanitária e Ambiental, 16 (3), p. 291-298. Lima, R. P., & Machado, T. G. (2008).

Menezes, G. F. F., Santos, D. B., Batista, R. O., Azevedo, D. O., Santana, G. S., Silva, A. S., & Duarte, A. J. A. P. (2013). Indicadores de qualidade, manejo e uso de água pluvial armazenada em cisternas do semiárido baiano. Revista Agrarian, v. 6, n. 22. Recuperado em 10 de fevereiro, 2013, de http://www.peri

odicos.ufgd.edu.br/index.php/agrarian/article/view/2237.

BITTENCOURT, Alceu Guerios. Captação e uso de água de chuva. São Paulo: Oficina de Textos, 2013.

4

LOGÍSTICA REVERSA APLICADA ÀS EMBALAGENS DE AGROTÓXICOS

DOI: https://www.doi.org/10.48209/978-65-84959-50-3

Trabalho apresentado como exigência para conclusão do Curso de Graduação em Engenharia Ambiental pela UNIVERSO (Universidade Salgado de Oliveira).

RESUMO

O presente artigo apresenta a logística reversa de embalagens de agrotóxicos, processo que envolve a coleta, transporte e destinação final adequada das embalagens vazias e dos resíduos contaminados gerados pelo uso de produtos químicos na agricultura. Esse processo é importante para assegurar o meio ambiente saudável e a saúde humana, pois evita que os resíduos contaminados sejam descartados inadvertidamente e possam contaminar o solo e a água. Além disso, a logística reversa de embalagens de agrotóxicos contribui com a redução do consumo imprudente de recursos naturais, uma vez que possibilita destinação das embalagens sejam para serem reutilizadas ou recicladas em vez de serem descartadas como lixo comum.

Palavras-chave: Agrotóxicos, Logística Reversa, Meio Ambiente.

ABSTRACT

This article presents the reverse logistics of pesticide packaging, a process that involves the collection, transportation, and appropriate final disposal of empty containers and contaminated waste generated by the use of chemical products in agriculture. This process is important to ensure a healthy environment and human health, as it prevents contaminated waste from being inadvertently discarded and potentially contaminating the soil and water. Additionally, the reverse logistics of pesticide packaging contributes to the reduction of imprudent consumption of natural resources, as it allows for the containers to be reused or recycled instead of being disposed of as regular waste.

Keywords: Agrochemicals, Reverse Logistics, Environment.

INTRODUÇÃO

As atividades agrícolas foram o prenúncio da civilização como conhecemos, os primeiros assentamentos humanos foram responsáveis por fixarem as pessoas na terra, com os excedentes de produção puderam fazer comércio, formar cidades e a partir delas construírem as tecnologias que nos impulsionaram como espécie dominante no planeta.

> A agricultura permitiu que as populações aumentassem de maneira tão rápida e radical que nenhuma sociedade agrícola complexa poderia se sustentar novamente se voltasse a se dedicar à caça e à coleta. (Harari, 2012)

De fato, somos a cada dia muito mais ligados à agricultura, seja ela em pequeno, médio ou grande porte, afinal ela é a base da alimentação de bilhões de pessoas ao redor do mundo, consequentemente nossas escolhas de como nos alimentamos são diretamente refletidas no campo, para o bem ou mal.

Como consequência ao crescimento populacional fomos forçados a produzir em escala exponencial, criamos diversos métodos de plantio e manejo, aplicamos nosso conhecimento em genética para o melhoramento das nossas cultivares, bem como nos vimos na necessidade de aprimorar a indústria dos agrotóxicos a fim de propiciar erradicação de pragas que prejudicam a qualidade e a quantidade da produção.

A primeiro momento esses produtos químicos são fundamentais para garantir a nossa segurança alimentar, entretanto o modo como damos a destinação às suas embalagens é fato de importante preocupação, pois embora possam ser úteis para mantermos a produção constantemente alta, também é um grande agente poluidor do solo, dos recursos hídricos, da fauna e flora.

A crescente demanda por alimentos aliada à necessidade de preservação ambiental trouxe à tona a importância da implementação de sistemas que promovam a sustentabilidade na produção agrícola, como é o caso da logística reversa de embalagens de agrotóxicos. É imperativo que os avanços tecnológicos estejam alinhados à preservação do meio ambiente e à saúde pública, para que a produção agrícola seja eficiente e sustentável.

> A logística reversa é um importante instrumento para a sustentabilidade empresarial e ambiental, pois permite o retorno dos produtos e embalagens ao ciclo produtivo, reduzindo o impacto ambiental do descarte inadequado e contribuindo para a conservação dos recursos naturais (NOVAES, 2016).

A logística reversa de embalagens de agrotóxicos é uma prática importante para garantir a segurança ambiental e a saúde pública, pois evita a contaminação do solo e da água pelo descarte inadequado desses resíduos. Além disso, a logística reversa de embalagens de agrotóxicos é uma exigência legal e uma responsabilidade compartilhada entre fabricantes, distribuidores, agricultores e poder público (BRASIL, 2014).

A logística reversa de embalagens de agrotóxicos apresenta um grande potencial no Brasil, pois ainda há um grande número de embalagens que não são destinadas corretamente, o que representa um risco para o meio ambiente e a saúde pública. Além disso, a implementação de sistemas de logística reversa pode gerar benefícios econômicos, ambientais e sociais para toda a cadeia produtiva (MENDONÇA et al, 2018).

Neste estudo bibliográfico proponho uma análise do atual modelo de produção fortemente ligado ao uso de produtos químicos como os supressores de pragas das nossas lavouras, e como a Logística Reversa tem papel decisivo no intuito de propiciar devida destinação às embalagens após aplicação pelo produtor rural.

Portanto o artigo expõe a importância da implantação dos sistemas de Logística Reversa, que passa a ser estabelecida como uma forma ambientalmente viável e responsável de se trabalhar com esses resíduos contaminantes, evitando a poluição indiscriminada dos nossos solos e águas.

CONCEITOS DE LOGÍSTICA REVERSA E SUA APLICAÇÃO NA GESTÃO DE RESÍDUOS

Conceitua-se Logística reversa como sendo o processo de gerenciamento dos resíduos gerados pela produção, distribuição e consumo de produtos. Ela envolve a coleta, transporte e destinação final adequada desses resíduos, visando minimizar o impacto ambiental e aproveitar ao máximo os recursos.

A logística reversa pode ser aplicada em diferentes setores, como o de embalagens, pneus, eletroeletrônicos, produtos químicos, entre outros. Por exemplo, na logística reversa de embalagens, são coletadas as embalagens vazias de produtos, que são encaminhadas para reciclagem ou destinação final adequada.

A Logística Reversa é um conjunto de procedimentos e meios para recolher e dar encaminhamento pós-venda ou pós-consumo ao setor empresarial, para reaproveitamento ou destinação correta de resíduos. Esse conceito foi reforçado com a publicação da Política Nacional de Resíduos Sólidos (Lei n°12.305, de agosto de 2010).

> Entre as definições, ficou estabelecido um acordo setorial, incluindo fabricantes, importadores, distribuidores e comerciantes, quanto à implantação de uma responsabilidade compartilhada pelo ciclo de vida do produto. (MUNDO LOGÍSTICA, 2022).

A logística reversa é importante porque ajuda a proteger o meio ambiente e a saúde humana, pois evita que os resíduos sejam descartados inadequadamente e possam contaminar o solo e a água. Além disso contribui para reduzir o consumo de recursos naturais, pois permite que sejam reutilizados ou reciclados em vez de descartados como lixo após a utilização.

Segundo Muller (2005), o ciclo dos produtos na cadeia comercial não termina quando, após serem usados pelos consumidores, são descartados. Há muito se fala em reciclagem e reaproveitamento dos materiais utilizados. Esta questão se tornou foco no meio empresarial, e vários fatores cada vez mais as destacam, estimulando a responsabilidade da empresa sobre o fim da vida de seu produto. Numa visão ecológica, as empresas pensam com seriedade em um cliente preocupado com seus descartes, sendo estes sempre vistos como uma agressão à natureza. Desta forma surge uma Logística Verde baseada nos conceitos da Logística Reversa do Pós-consumo.

A logística reversa pode se dar por diferentes motivos. Desde um cliente que desistiu da compra até a coleta de produtos trocados. Contudo, sua maior aplicação hoje, tem sido no sentido ambiental, isto é, produtos que chegaram ao fim de sua vida útil, ao invés de serem descartados, são enviados a centros de tratamento para neutralização de seu impacto ambiental. (VG RESÍDUOS, 2022).

A problemática referente à destinação final das embalagens vazias através do descarte em terrenos, recursos hídricos, enterradas ou queimadas vem sendo cada vez mais crescente nos dias atuais. Entretanto, algumas alternativas são realizadas a fim de minimizar danos ao meio ambiente e realizar o manejo adequado das embalagens utilizadas, uma dessas práticas trata-se da logística reversa, a qual tem por objetivo reduzir o impacto ambiental e assegurar o manuseio correto das embalagens, por isso faz-se necessária a adoção e implementação de procedimentos técnicos que corroborem a adequação das práticas do segmento de destinação final da embalagem de defensivos agrícolas (BARBOSA et al., 2017).

CONCEITOS DE AGROTÓXICOS E SUAS IMPLICAÇÕES NO MEIO AMBIENTE

Agrotóxicos são produtos químicos utilizados na agricultura para proteger as plantas contra doenças, pragas e ervas daninhas. Eles são amplamente utilizados em todo o mundo para aumentar a produtividade e a qualidade da produção de alimentos, mas também podem trazer riscos à saúde humana e ao meio ambiente se utilizados de maneira incompatível com as orientações do laboratório fabricante.

Os agrotóxicos podem ser classificados de acordo com sua finalidade e sua forma de aplicação. Além da classificação de acordo com sua finalidade, os agrotóxicos também podem ser classificados de acordo com sua periculosidade. Os agrotóxicos são avaliados quanto à sua toxicidade, seu potencial de persistência no meio ambiente e seu potencial de acumulação em organismos vivos. Deste modo podemos afirmar que os agrotóxicos mais perigosos são aqueles que são altamente tóxicos, que persistem no meio ambiente, seja no solo ou recursos hídricos, e que podem se acumular em organismos vivos através da cadeia alimentar.

Agrotóxicos, defensivos agrícolas, praguicidas, pesticidas, venenos ou remédios de plantas: são inúmeras as denominações relacionadas ao grupo de substâncias químicas utilizadas no controle de pragas e doenças de plantas (Peres e Moreira, 2003).

Tradicionalmente, eram classificados de acordo com o tipo de praga que combatem, denominando-os inseticidas (repele insetos), fungicidas (evita fungos), herbicidas (controla plantas invasoras), além de reguladores de crescimento, desfolhantes (combate às folhas indesejadas) e dissecantes (SILVA e FAY, 2004).

Com o advento da Constituição Federal de 1988, todos esses termos foram substituídos por agrotóxicos, a fim de tornar evidente a toxicidade dessas substâncias (FUNASA, 1998).

De modo geral podemos então definir agrotóxicos como qualquer produto químico voltado para controle de pragas e doenças das lavouras, alguns podem agir repelindo insetos, fungos, ou até mesmo contendo o crescimento de ervas daninhas indesejadas.

Um dos principais riscos associados ao uso de agrotóxicos na agricultura é a exposição de trabalhadores agrícolas e pessoas que vivem próximas a áreas onde são utilizados. A exposição a esses produtos pode ocorrer através da inalação, ingestão ou contato com a pele, levando a problemas de saúde, como irritação da pele e dos olhos, problemas respiratórios, câncer e problemas reprodutivos. Além disso, os agrotóxicos são extremamente contaminantes e devem ser observadas as rigorosas orientações do fabricante, todo cuidado é necessário para que o produtor rural não mate apenas as pragas da propriedade, uma vez que a ingerência no uso desses produtos coloca em risco o equilíbrio ecológico afetando diretamente diversas espécies.

Para tal o agricultor precisa se atentar aos critérios básicos para acondicionamento das embalagens de agrotóxicos em sua propriedade, sejam aquelas com produto ainda não utilizado, como as vazias. Importante que tenha um local apropriado e seguro para armazenagem. Em pequenas propriedades poderá ser utilizado um armário bem fechado e que seja de um material que não propague fogo, já em grandes propriedades poderá se optar por uma construção específica para essa finalidade, desde que os produtos não fiquem em contato com o solo, perto de alimentos ou animais.

As embalagens vazias de agrotóxicos, quando abandonadas no ambiente ou descartadas em aterros e lixões, constituem potenciais fontes de contaminação. Se estiverem com resto de agrotóxicos, aumentam seu potencial de contaminação, uma vez que esses resíduos químicos tóxicos nelas contidos, sob ação da chuva, podem migrar para o solo e para as águas superficiais e subterrâneas (BARREIRA & PHILIPPI, 2002).

Os agrotóxicos, que são produtos necessários do ponto de vista fitossanitário, caso não sejam utilizados de maneira correta e segura, oferecem sérios riscos à saúde humana e ao ambiente. Intoxicações por meio de agrotóxicos são assuntos recorrentes na agricultura, principalmente em países em desenvolvimento (RECENA; CALDAS, 2008).

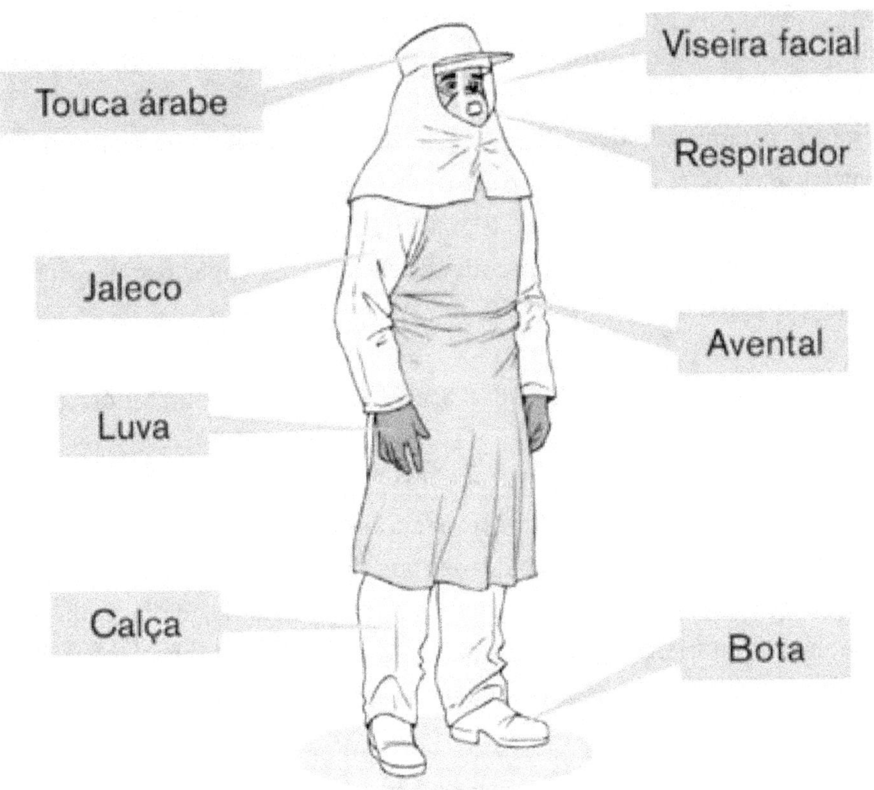

Figura 1: Equipamento de Proteção Individual necessário para operação de aplicação de defensivos agrícolas. (Luciano Scheibel, 2018)

Para minimizar os riscos associados ao uso de agrotóxicos na agricultura, é importante seguir as instruções de uso corretamente, o uso de Equipamentos de Proteção Individual (EPIs) adequados é outro fator importante a ser levado em consideração pelo produtor rural, a fim de evitar intoxicação. A NR 31 regulamenta a segurança no trabalho para os trabalhadores da agricultura, pecuária, dentre outras atividades.

Além disso, é importante promover a utilização de práticas de produção agrícola mais sustentáveis, como por exemplo o uso de organismos vivos para o controle de pragas, que podem incluir predadores, parasitas, alguns patógenos e outras espécies benéficas. Outro meio é a aplicação de técnicas de rotação de cultura, possibilitando que o solo não esgote seus nutrientes, além de evitar o acúmulo de pragas e doenças atreladas a uma única cultura específica, também reduzindo a necessidade de uso excessivo de fertilizantes e pesticidas. Outras opções são o uso de fertilizantes orgânicos, uso eficiente da água de irrigação. Ao adotar tais práticas, os agricultores podem promover a saúde do solo, aumentar a produtividade e reduzir o impacto ambiental da produção agrícola.

LEGISLAÇÃO E REGULAMENTAÇÃO SOBRE O DESCARTE DE EMBALAGENS DE AGROTÓXICOS

Em diversos países, como no Brasil, existem leis e regulamentações específicas que estabelecem as responsabilidades dos fabricantes e distribuidores de produtos no que diz respeito à logística reversa. Além disso, muitas empresas adotam voluntariamente medidas para gerenciar a logística reversa de seus produtos, como participar de programas de coleta e destinação final adequada.

> O parlamento brasileiro legislou e o poder executivo sancionou dentro do texto da constituição federal diversas menções ao meio ambiente e agrotóxicos, exemplo no artigo mais emblemático e que reitera a defesa do meio natural por parte do estado brasileiro, "Art. 225. Todos têm direito ao meio ambiente ecologicamente equilibrado, bem de uso comum do povo e essencial à sadia qualidade de vida, impondo-se ao Poder Público e à coletividade o dever de defendê-lo e preservá-lo para as presentes e futuras gerações." (Brasil, 1988)

Deste modo o estado brasileiro tem como dever aplicar todos os meios necessários para que se garanta a sustentabilidade e a saúde ambiental a fim de promover às futuras gerações o seu direito de usufruir dos mesmos recursos naturais que temos acesso hoje. Desde a criação de leis, investimentos em programas de adesão setoriais, fiscalização e punição de infratores.

Nesse contexto também podemos citar a Lei nº 7.802/1989 que dispõe sobre a pesquisa, a experimentação, a produção, a embalagem e rotulagem, o transporte, o armazenamento, a comercialização, a propaganda comercial, a utilização, a importação, a exportação, o destino final dos resíduos e embalagens, o registro, a classificação, o controle, a inspeção e a fiscalização de agrotóxicos, seus componentes e afins, e dá outras providências.

Bem como as muitas outras normatizações que tratam de assuntos pertinentes, sejam federais, estaduais ou municipais. Por exemplo:

§ NR31 regulamenta a organização no ambiente de trabalho da agricultura e demais setores afins;

§ A NBR nº 13.968/1997 trata da tríplice lavagem das embalagens de agrotóxicos;

§ A NBR nº 14.719/2001 sobre a destinação das embalagens lavadas;

§ A NBR nº 14.935/2003 sobre a destinação final das embalagens não lavadas;

§ A Lei nº 9.974/2000 e o decreto nº 4.074/2002 dispõem sobre diversos temas relacionados a agrotóxicos e responsabilidade compartilhada.

§ A Lei nº 12.305/2010 que instituiu a Política Nacional de Resíduos Sólidos tem papel importantíssimo no sentido de promover as boas práticas no gerenciamento dos resíduos sólidos. Esta lei é balizadora para que a sociedade possa buscar o equilíbrio ambiental, agindo com responsabilidade no trato dos resíduos produzidos.

§ Resolução CONAMA 465/2014, que trata de requisitos e critérios para o licenciamento ambiental de estabelecimentos destinados ao recebimento de embalagens de agrotóxicos e afins, vazias ou contendo resíduos.

Atualmente, quando falamos em meio ambiente, logo pensamos em desenvolvimento sustentável, ou sustentabilidade, esses conceitos buscam aplicar iniciativas com objetivo de atender às nossas atuais necessidades, mas com uma preocupação cada vez mais crescente com as futuras gerações, que do mesmo modo tem o direito a um meio ambiente equilibrado.

> Hoje, o Brasil figura entre os principais consumidores de defensivos agrícolas do mundo (PIGNATI et al., 2017).

Deste modo geramos anualmente toneladas de embalagens potencialmente poluidoras que sem a devida destinação colocam em risco o meio ambiente.

Conforme a Lei Federal Nº 7.802/1989 em seu artigo 6º, alínea 5º, As empresas produtoras e comercializadoras de agrotóxicos, seus componentes e afins, são responsáveis pela destinação das embalagens vazias dos produtos por elas fabricados e comercializados, após a devolução pelos usuários, e pela dos produtos apreendidos pela ação fiscalizatória e dos impróprios para utilização ou em desuso, com vistas à sua reutilização, reciclagem ou inutilização, obedecidas as normas e instruções dos órgãos registrantes e sanitário-ambientais competentes.

Dados do INPEV (2022) destacam que mais de 52,5 mil toneladas de embalagens vazias de agrotóxicos foram retiradas do meio ambiente, sendo que 92% foram destinadas a reciclagem e apenas 8% para incineração. Somando a um total de 775.320 toneladas de embalagens desde início da série histórica do INPEV no ano de 2002.

O INPEV (Instituto Nacional De Processamento De Embalagens Vazias), nasceu em 2001, entrando em operação em 2002, consiste em uma entidade gerida pelos fabricantes de agrotóxicos com o objetivo da promoção da destinação correta das embalagens de seus produtos. O INPEV foi criado para atender a lei nº 9.974/2000, a fim de garantir a responsabilidade compartilhada dentro da cadeia de fabricação, revenda e consumo dos agrotóxicos.

PROCESSOS DE RECICLAGEM E DESTINAÇÃO ADEQUADA DE EMBALAGENS

A Logística Reversa tem papel fundamental na complexa cadeia de produção, distribuição e destinação dos resíduos dos agrotóxicos empregados nas diversas culturas em desenvolvimento no setor agrícola.

De modo que os envolvidos na atividade agrícola tem o papel de aplicar os agrotóxicos de forma consciente e responsável, seguindo as orientações do fabricante e da legislação ambiental e de saúde. Além disso, eles também têm a responsabilidade de fazer a devolução correta das embalagens vazias de agrotóxicos por meio da logística reversa.

Os fabricantes de agrotóxicos, por sua vez, têm a obrigação de oferecer embalagens adequadas e seguras para o transporte e armazenamento dos produtos, além de orientar os usuários sobre o correto uso e destinação das embalagens vazias. Eles também são responsáveis pela implementação de sistemas de logística reversa e pela destinação adequada dos resíduos.

As autoridades públicas, tanto em nível federal quanto estadual e municipal, têm o papel de fiscalizar e regulamentar a utilização de agrotóxicos e a logística reversa das embalagens vazias, garantindo que as normas ambientais e de saúde sejam cumpridas.

A sociedade em geral também pode contribuir para a conscientização sobre a importância da logística reversa de embalagens de agrotóxicos, incentivando a adoção de práticas sustentáveis na atividade agrícola e apoiando iniciativas que promovam a preservação do meio ambiente e a saúde pública.

Atualmente podemos classificar as embalagens de agrotóxicos em quatro grupos distintos, e aplicar a cada um deles requer um processo específico de descarte, ou reutilização. São eles:

§ **Embalagens rígidas laváveis**: podem ser de plástico, metal ou vidro. Acondicionam produto em forma líquida para ser diluído em água.

§ **Embalagens rígidas não laváveis**: estas não utilizam a água como forma de pulverização, utilizadas geralmente para tratamento de sementes, e em formulações oleosas.

§ **Embalagens flexíveis contaminadas**: metalizadas, sacos ou saquinhos plásticos, ou outros materiais flexíveis.

§ **Embalagens secundárias**: usadas para acondicionar as embalagens primárias, não entram em contato direto com o produto, não sendo consideradas embalagens contaminadas, tal como caixas de papelão, cartolinas, entre outras.

Um passo importante para devolução das embalagens de agrotóxicos é a tríplice lavagem, o processo deve ocorrer durante o manuseio e aplicação do produto na lavoura, consistindo em três lavagens da embalagem para minimizar o impacto poluidor da mesma, afim de que seja direcionada para o fabricante reutilizar o material de forma segura.

As embalagens rígidas (metálicas, plásticas e de vidro) que acondicionam formulações líquidas de agrotóxicos miscíveis ou dispersíveis em água devem ser submetidas à tríplice lavagem. Essa operação deve ser realizada durante o preparo da calda, na ocasião em que o conteúdo da embalagem for totalmente despejado no tanque do pulverizador (PELISSARI, 1999).

Este procedimento, se mal realizado, pode ocasionar o não recebimento das embalagens vazias nas unidades coletoras, além de contaminação ambiental e do próprio operador que irá manuseá-las posteriormente (DOROW, 2015).

Após o processo da Tríplice Lavagem (NBR 13.968/1997), o produtor tem o encargo de encaminhar as embalagens para um ponto de coleta, ou revendedor que posteriormente remeterá para reutilização, ou incineração, dependendo do tipo de embalagem. Para isso os fabricantes e revendedores devem instalar locais específicos visando a coleta das embalagens. Para que em posterior através de sistemas de Logística Reversa ocorra a retirada com o propósito de dar a destinação adequada às essas embalagens.

A logística reversa de embalagens de agrotóxicos no Brasil é gerenciada pelo Instituto Nacional de Embalagens Vazias (INPEV), órgão responsável pela criação do Sistema Campo Limpo, em 2023 o sistema já é composto por mais de 400 unidades de recebimento de embalagens vazias, sendo postos e centrais, sendo que mais de 100 destas unidades estão disponíveis através de agendamento eletrônico. O INPEV tem alcance que abrange todos os estados do Brasil.

Com o Sistema Campo Limpo em andamento, a maior parte das embalagens vazias de agrotóxicos passou a ter a destinação adequada, cerca de 92% das embalagens plásticas tem o retorno das propriedades rurais e são direcionadas para um destino ambientalmente seguro, esse compartilhamento de respons-abilidade entre agricultores, indústria, canais de distribuição e poder público faz com que o Brasil seja líder em referência mundial no assunto.

IMPACTOS AMBIENTAIS RESULTANTES DA IMPLEMENTAÇÃO DO SISTEMA

Oliveira (2012) destaca a importância do fluxo da logística reversa das embalagens vazias de defensivos agrícolas para minimizar impactos ambientais ocasionados pela disposição inadequada das mesmas, e dando assim uma destinação aos resíduos perigosos gerados na atividade.

O sistema de logística reversa de embalagens de agrotóxicos apresenta impactos ambientais significativamente positivos, ao garantir a destinação correta desses materiais e reduzir os riscos de contaminação do solo e da água. Além disso, o programa também gera benefícios sociais, ao fomentar a conscientização e a educação ambiental, e econômicos, ao incentivar a cadeia produtiva da reciclagem (MENDONÇA et al., 2018).

O compromisso dos produtores, revendedores e fabricantes em promover a sustentabilidade no setor agrícola é essencial para garantir a segurança alimentar e a preservação dos recursos naturais. Ao assumir a responsabilidade pela gestão adequada das embalagens de agrotóxicos, esses agentes da cadeia produtiva demonstram sua preocupação com a sociedade e com o meio ambiente, além de contribuir para a melhoria dos processos e resultados do setor.

As embalagens de agrotóxicos, ao longo do tempo, têm recebido uma atenção e cuidado maior, a fim de trocar embalagens tradicionais por embalagens com novas tecnologias, esse cuidado se gerou para uma maior preservação do meio ambiente, priorizando mais segurança tanto no uso, quanto no destino final das embalagens (KUNZ, 1993).

Essa nova abordagem dada aos resíduos de agrotóxicos garante segurança aos diversos biomas onde a atividade agrícola está inserida. Em Mato Grosso, meu estado, que se destaca entre um dos maiores produtores de grãos do Brasil, a região de Cerrado e mais recentemente a Floresta Amazônica na região norte do estado tem intensificado ano a ano a sua produção fazendo com que esse esforço valoroso assegure além de maior produtividade dada a circunstância que o emprego desses produtos pode ocorrer de modo contínuo, como também no bom trato do meio ambiente, como a proteção dos solos, dos recursos hídricos, além de nossa fauna e flora riquíssimas.

Cometti c Alves (2010) verificaram que o sistema de recolhimento e destinação final das embalagens de defensivos agrícolas no Brasil vem contribuindo satisfatoriamente para a redução de impactos ambientais.

Apesar dos avanços na implementação do sistema de logística reversa de embalagens de agrotóxicos, ainda é necessário um esforço significativo para conscientizar e engajar os produtores rurais a aderirem ao programa. O processo é gradual e requer uma mudança de mentalidade e cultura no campo, mas é fundamental para garantir a sustentabilidade do setor e a preservação do meio ambiente (GONÇALVES, 2019).

A implementação de um sistema de logística reversa de embalagens de agrotóxicos é um processo complexo e de longo prazo, que requer o envolvimento e comprometimento de todos os atores da cadeia produtiva. Infelizmente, muitos produtores ainda não aderiram a esse sistema, o que representa um obstáculo significativo para a efetividade da iniciativa.

A reeducação dos produtores é uma das estratégias fundamentais para a expansão da logística reversa de embalagens de agrotóxicos no Brasil. Isso implica na conscientização acerca dos riscos e implicações decorrentes do uso inadequado dos agrotóxicos e de suas embalagens, como a contaminação do solo, da água e do ar, além de problemas de saúde humana e animal.

Através da educação ambiental e da conscientização sobre a importância do manejo adequado dos agrotóxicos e de suas embalagens, espera-se promover uma mudança de cultura no campo e incentivar a adesão dos produtores ao sistema de logística reversa. É fundamental que todos os envolvidos na cadeia produtiva assumam a sua responsabilidade social e ambiental para garantir um futuro mais sustentável para o setor agrícola brasileiro.

CONSIDERAÇÕES FINAIS

É importante ressaltar que a logística reversa das embalagens de agrotóxicos é um processo necessário para salvaguardar o meio ambiente e a saúde humana, pois reduz drasticamente o montante de resíduos contaminados de serem descartados indevidamente. Além disso, a logística reversa de favorece a redução do consumo de recursos naturais cada vez mais se exaurindo, uma vez que permite que as embalagens sejam reutilizadas ou recicladas em vez de serem descartadas como lixo.

No entanto, para que esse processo seja eficiente, deve-se estabelecer um sistema de coleta e transporte adequado, bem como identificar locais adequados para a destinação final dos resíduos.

Além disso, é crucial investir em capacitação dos agricultores e outros usuários de agrotóxicos sobre as melhores práticas de manuseio e descarte das embalagens vazias e dos resíduos contaminados. Esta campanha para boas práticas tem de partir também da sociedade, que deve deixar de ser agente passivo, com vistas a sempre aprimorar os processos no campo e consequentemente adicionar uma camada de segurança a mais, tanto para aquelas pessoas que estão diretamente ligadas ao manejo da lavoura, como de quem vai consumir os produtos no final da linha.

A mística de que para aumentar a produção vale tudo deve ser repensada, o nosso agronegócio tem a obrigação de buscar por soluções que venham de encontro a sustentabilidade. Com medidas simples como a rotação de cultura, utilização de fertilizantes de modo correto, investimento em agricultura de precisão, o uso de sementes de qualidade, vem de encontro ao objetivo de obter eficiência na produção. Essas medidas possibilitam a interrupção do ciclo de pragas e doenças, repõe matéria orgânica, aproveita melhor os nutrientes do solo, insere a tecnologia na rotina do agricultor e possibilita escolher as melhores cultivares para o plantio. Com isso cm prática o uso dos agrotóxicos pode ser reduzido, ou substituído por soluções mais ambientalmente corretas, importante que não precisa ser uma mudança instantânea, mas em algum momento tem de começar, o agricultor deve buscar uma produção mais ecológica.

Em termos de perspectivas de futuro, é esperado que a logística reversa de embalagens de agrotóxicos continue sendo uma preocupação importante para governos, empresas e sociedade em geral. Algumas das tendências que podem influenciar o futuro da logística reversa incluem o aumento da regulamentação sobre o uso e descarte, a crescente demanda por práticas de produção agrícola mais sustentáveis, a implementação de novas tecnologias de embalagens, e o aumento da conscientização pública sobre os riscos associados a esses produtos químicos.

Deste modo a logística reversa aplicada às embalagens de agrotóxicos nos possibilita a construção de um modo de produção mais verde, que fornece alimento ao mesmo tempo que aplica ciência em favor de preservação em um movimento contínuo que vise sobretudo o bem estar social e ambiental.

REFERÊNCIAS BIBLIOGRÁFICAS

HARARI, Yuval Noah. Sapiens – Uma Breve História da Humanidade. 1. ed. Porto Alegre - RS: L&PM, 2015. 451 p. ISBN 978.85.254.3240-7.

NOVAES, Antonio Galvão. Logística e Gerenciamento da Cadeia de Distribuição. 4ª ed. Rio de Janeiro: Elsevier, 2016. p. 172.

BRASIL. Ministério do Meio Ambiente. Logística Reversa de Embalagens de Agrotóxicos: Manual de Orientação. Brasília: Ministério do Meio Ambiente, 2014. p. 7.

MENDONÇA, Luciana Cardoso; PINTO, Luís Henrique Vieira. Logística Reversa de Embalagens de Agrotóxicos: Propostas para aprimorar a gestão no Brasil. Brasília: Ipea, 2018. p. 9.

O QUE é Logística Reversa. [*S. l.*], []. Disponível em: https://mundologistica.c om.br/glossario/o-que-e-logistica-reversa. Acesso em: 19 fev. 2023.

Mueller, Carla Fernanda. Logística Reversa Meio-ambiente e Produtividade. UFSC, 2005.

QUAL é a importância da logística reversa para o meio ambiente. [*S. l.*], []. Disponível em: https://www.vgresiduos.com.br/blog/qual-a-importancia-da -logistica-reversa-para-o-meio-ambiente. Acesso em: 19 fev. 2023.

BARBOSA, N. D.; GUARNIERI, P.; JUNQUEIRA, A. M. R. Logística reversa das embalagens de agrotóxicos: um olhar sobre a evolução da legislação até a lei 12.305/2010. Agropampa: Revista de Gestão do Agronegócio, v. 2, n. 1, p. 1-22, 2017.

PERES, F. e MOREIRA, J. É veneno ou é remédio? Agrotóxicos, saúde e ambiente. Rio de Janeiro: Editora Fiocruz, 2003.

SILVA, C. M. M. e FAY, E. F. *Agrotóxicos e ambiente.* Brasília: Embrapa

Informação Tecnológica, 2004.

FUNASA – *Guia de vigilância epidemiológica*. Brasília: Ministério da Saúde, 1998.

BARREIRA, Luciana Pranzetti e PHILIPPI JÚNIOR, Arlindo. A problemática dos resíduos de embalagens de agrotóxicos no Brasil. 2002, Anais.. Cancún: Asociación Interamericana de Ingeniería Sanitaria y Ambiental, 2002. Acesso em: 19 fev. 2023.

RECENA, M.C.P., CALDAS, E.D. Percepção de risco, atitudes e práticas no uso de agrotóxicos entre agricultores de Culturama, MS. Revista Saúde Pública, v. 42, n. 2. p. 294-301, 2008.

BRASIL. NR nº 31, de 22 de outubro de 2020. Disponível em: https://www.guia trabalhista.com.br/legislacao/nr/nr31.htm. Acesso em: 21 fev. 2023.

PIGNATI, W. A.; LIMA, F. A. N. D. S.; LARA, S. S. D.; CORREA, M. L. M.; BARBOSA, J. R.; LEÃO, L. H. D. C.; PIGNATTI, M. G. Distribuição espacial do uso de agrotóxicos no Brasil: uma ferramenta para a Vigilância em Saúde. Ciência & Saúde coletiva, v. 22, p. 3281- 3293, 2017.

BRASIL. Lei nº 7.802, de 11 de julho de 1989. Disponível em: https://www.plan alto.gov.br/ccivil_03/leis/l7802.htm. Acesso em: 21 fev. 2023.

BRASIL. Lei nº 9.974, de 6 de junho de 2000. Disponível em: https://www.pla nalto.gov.br/ccivil_03/leis/l9974.htm. Acesso em: 15 mar. 2023.

BRASIL. DECRETO nº 4.074, de 4 de janeiro de 2002. Disponível em: http://ww w.planalto.gov.br/ccivil_03/decreto/2002/d4074.htm. Acesso em: 15 mar. 2023.

BRASIL. Lei nº 12.305, de 2 de agosto de 2010. Disponível em: https://www.pla

nalto.gov.br/ccivil_03/_ato2007-2010/2010/lei/l12305.htm. Acesso em: 10 mar. 2023.

CONAMA. Resolução 465. [*S. l.*], 5 dez. 2014. Disponível em: https://www. ibama.gov.br/component/legislacao/?view=legislacao&legislacao=134749. Acesso em: 15 mar. 2023.

BRASIL. [Constituição (1988)]. CONSTITUIÇÃO DA REPÚBLICA FEDERATIVA DO BRASIL. [*S. l.: s. n.*], 1988. Disponível em: https://www.planalto.gov.br/cci vil_03/constituicao/constituicao.htm. Acesso em: 15 mar. 2023.

INPEV – Sistema Campo Limpo. [*S. l.*], []. Disponível em: https://www.inpev. org.br/sistema-campo-limpo/em-numeros. Acesso em: 19 fev. 2023.

PELISSARI, A. et al. Tríplice lavagem e destinação das Embalagens de defensivos agrícolas: Programa Terra Limpa. Londrina (PR): Seab/Andef, 1999. 23p.

DOROW, B. W. Instrução técnica dos operadores e condições operacionais dos pulverizadores de barras na região de Curitibanos – SC. Trabalho de Conclusão de Curso (Graduação em Agronomia) – Universidade Federal de Santa Catarina, Campus Curitibanos, 2015.

OLIVEIRA, E. S. A importância da destinação final das embalagens vazias de agrotóxicos. Revista Uniabeu, v. 5, n. 11, p. 123-135, 2012.

MENDONÇA, Luciana Cardoso; PINTO, Luís Henrique Vieira. Logística Reversa de Embalagens de Agrotóxicos: Propostas para aprimorar a gestão no Brasil. Brasília: Ipea, 2018. p. 17.

KUNZ, R. P. Novas tecnologias e diretrizes para embalagens de produtos fitossanitários. Horticultura Brasileira, v. 11, n. 2, p. 200-202, 1993.

COMETTI, J. L. S.; ALVES, I. T. G. Responsabilização Pós-consumo e logística reversa: O Caso das Embalagens de Agrotóxicos no Brasil. Sustentabilidade em Debate, v. 1, n. 1, p. 13- 24, 2010.

GONÇALVES, Paulo Roberto. Sustentabilidade e Logística Reversa de Embalagens Vazias de Agrotóxicos. Campinas: Komedi, 2019. p. 72.

5

RESÍDUOS RURAIS: DESAFIOS E OPORTUNIDADES NEGLIGENCIADAS

DOI: https://www.doi.org/10.48209/978-65-84959-62-4

Trabalho apresentado com propósitos acadêmicos, sem qualquer exigência formal.

RESUMO

O artigo discute a importância do manejo sustentável de resíduos em áreas rurais, destacando a necessidade de práticas adequadas devido à diversidade e complexidade dos resíduos gerados por atividades agrícolas, pecuárias e domésticas. Enfatiza a caracterização e classificação desses resíduos, que variam de materiais biodegradáveis a resíduos químicos, para determinar métodos de tratamento e disposição apropriados. Além do aspecto ambiental, o manejo eficiente dos resíduos rurais oferece oportunidades econômicas, como reciclagem e conversão de resíduos em energia, promovendo uma economia circular. O artigo também ressalta a importância da conscientização e educação na melhoria das práticas de gestão sustentável, concluindo que uma abordagem integrada é essencial para a conservação ambiental e desenvolvimento rural.

Palavras-chaves: Gestão Sustentável de Resíduos, Resíduos Rural, Economia Circular.

ABSTRACT

The article discusses the importance of sustainable waste management in rural areas, highlighting the need for appropriate practices due to the diversity and complexity of waste generated by agricultural, livestock, and domestic activities. It emphasizes the characterization and classification of these wastes, which range from biodegradable materials to chemical residues, in order to determine suitable methods of treatment and disposal. Beyond the environmental aspect, efficient management of rural waste offers economic opportunities, such as recycling and converting waste into energy, thus promoting a circular economy. The article also underscores the significance of awareness and education in improving sustainable management practices, concluding that an integrated approach is essential for environmental conservation and rural development.

Keywords: Sustainable Waste Management, Rural Waste, Circular Economy.

INTRODUÇÃO

Antes de adentrarmos na discussão específica sobre os resíduos rurais, é fundamental estabelecer uma base de compreensão clara. Para facilitar este entendimento, é apropriado recorrer à definição de resíduos conforme estabelecida pela Associação Brasileira de Normas Técnicas (ABNT).

Resíduos nos estados sólido e semissólido, que resultam de atividades de origem industrial, doméstica, hospitalar, comercial, agrícola, de serviços e de varrição. Ficam incluídos nesta definição os lodos provenientes de sistemas de tratamento de água, aqueles gerados em equipamentos e instalações de controle de poluição, bem como determinados líquidos cujas particularidades tornem inviável o seu lançamento na rede pública de esgotos ou corpos de água, ou exijam para isso soluções técnica e economicamente inviáveis em face à melhor tecnologia disponível (ABNT 10.004/2004, 2004, p.01).

O manejo sustentável dos resíduos rurais assume um papel fundamental no equilíbrio ecológico e na manutenção da saúde pública, especialmente em uma era onde a consciência ambiental e a necessidade de práticas sustentáveis estão em crescente ascensão. A complexidade e diversidade dos resíduos gerados em ambientes rurais, originados das atividades agrícolas, pecuárias e domésticas, requerem uma análise detalhada e uma abordagem estratégica para seu tratamento e disposição adequados.

A caracterização desses resíduos é o primeiro passo para entender os desafios e oportunidades que eles representam. Dependendo de sua origem, podem variar desde resíduos biodegradáveis, como restos de colheitas e dejetos animais, até resíduos mais complexos, como embalagens de agrotóxicos e produtos químicos. Cada tipo possui características próprias que influenciam o método de tratamento e disposição mais adequados.

Além disso, a classificação desses resíduos em categorias, com base em sua composição, potencial de degradação e risco ambiental, é essencial para desenvolver estratégias de gestão. Por exemplo, resíduos orgânicos podem ser compostados e retornar ao solo como nutrientes, enquanto resíduos químicos exigem cuidados especiais para evitar a contaminação do solo e das águas.

A categorização de resíduos requer a análise sistemática do processo ou atividade responsável pela sua geração, bem como a identificação detalhada de seus componentes e propriedades específicas. Essa análise envolve a comparação direta dos constituintes dos resíduos com bancos de dados e listas padronizadas que contêm informações sobre resíduos e substâncias cujos efeitos sobre a saúde humana e o meio ambiente são cientificamente reconhecidos e documentados.

A gestão desses resíduos não é apenas uma responsabilidade ambiental, mas também uma oportunidade econômica. Práticas como reciclagem, compostagem e a conversão de resíduos em energia podem gerar renda e contribuir para uma economia circular no meio rural, reduzindo a dependência de insumos externos e minimizando impactos ambientais.

Por fim, a conscientização e a educação são componentes cruciais neste processo. Capacitar os envolvidos nas atividades rurais sobre a importância do manejo adequado dos resíduos e as técnicas disponíveis para isso pode ampliar significativamente a eficácia das práticas de gestão sustentável. Assim, ao explorar a natureza, a classificação e as estratégias de manejo dos resíduos rurais, podemos promover uma abordagem mais integrada e sustentável para a conservação ambiental e o desenvolvimento rural.

A Educação Ambiental é um processo que busca despertar a reocupação individual e coletiva para a questão ambiental, bem como o acesso à informação em linguagem adequada, contribuindo para o desenvolvimento de uma consciência crítica e estimulando o enfretamento das questões ambientais e sociais. Desenvolve-se num contexto de complexidade, procurando trabalhar não apenas a mudança cultural, mas também a transformação social, assumindo a crise ambiental como uma questão ética e política (MOUSINHO, 2003).

O QUE SÃO RESÍDUOS RURAIS E QUAIS SÃO AS SUAS FONTES E CARACTERÍSTICAS?

Resíduos rurais são os materiais descartados ou gerados nas atividades agrícolas, pecuárias e domésticas no meio rural. Eles podem ser classificados em diferentes tipos, de acordo com a sua origem, composição, potencial de degradação e risco ambiental. Veja a seguir alguns exemplos de resíduos rurais e as suas respectivas fontes e características:

Resíduos orgânicos: São os resíduos de origem vegetal ou animal, que podem ser biodegradados por microrganismos. Eles incluem restos de alimentos, cascas, sementes, folhas, galhos, palhas, bagaços, estercos, carcaças, penas, pelos, etc. Eles são provenientes das atividades de cultivo, colheita, processamento, alimentação e criação de animais. Eles representam a maior parte dos resíduos rurais, podendo chegar a 90% do total. Eles podem ser aproveitados para a produção de adubo orgânico, biogás, biofertilizante, ração animal, entre outros produtos.

Resíduos recicláveis: São os resíduos de origem mineral ou sintética, que podem ser reutilizados ou transformados em novos produtos. Eles incluem embalagens, latas, garrafas, plásticos, papéis, metais, vidros, tecidos, etc. Eles são provenientes do consumo de produtos industrializados, como alimentos, bebidas, medicamentos, cosméticos, higiene, limpeza, etc. Eles representam uma parcela significativa dos resíduos rurais, podendo chegar a 10% do total. Eles podem ser separados e encaminhados para a coleta seletiva, cooperativas de reciclagem, indústrias de reciclagem, entre outros destinos.

Resíduos perigosos: São os resíduos que apresentam risco à saúde humana, animal ou ao meio ambiente, devido às suas propriedades físicas, químicas ou biológicas. Eles incluem embalagens de agrotóxicos, fertilizantes, lubrificantes, pilhas, baterias, lâmpadas, medicamentos vencidos, seringas, agulhas, etc. Eles são provenientes do uso de produtos químicos, farmacêuticos, veterinários, elétricos, eletrônicos, etc. Eles representam uma parcela pequena, mas preocupante dos resíduos rurais, podendo chegar a 1% do total. Eles devem ser armazenados, transportados e destinados de forma segura e adequada, seguindo as normas e as legislações específicas.

A logística reversa é um importante instrumento para a sustentabilidade empresarial e ambiental, pois permite o retorno dos produtos e embalagens ao ciclo produtivo, reduzindo o impacto ambiental do descarte inadequado e contribuindo para a conservação dos recursos naturais (NOVAES, 2016).

A logística reversa de embalagens de agrotóxicos é uma prática importante para garantir a segurança ambiental e a saúde pública, pois evita a contaminação do solo e da água pelo descarte inadequado desses resíduos. Além disso, a logística reversa de embalagens de agrotóxicos é uma exigência legal e uma responsabilidade compartilhada entre fabricantes, distribuidores, agricultores e poder público (BRASIL, 2014).

A logística reversa de embalagens de agrotóxicos apresenta um grande potencial no Brasil, pois ainda há um grande número de embalagens que não são destinadas corretamente, o que representa um risco para o meio ambiente e a saúde pública. Além disso, a implementação de sistemas de logística reversa pode gerar benefícios econômicos, ambientais e sociais para toda a cadeia produtiva (MENDONÇA et al, 2018).

Citei no meu Trabalho de Conclusão de Curso de Engenharia Ambiental que os dados do INPEV (2022) destacavam que mais de 52,5 mil toneladas de embalagens vazias de agrotóxicos haviam sido retiradas do meio ambiente, sendo que 92% foram destinadas a reciclagem e apenas 8% para incineração. Somando a um total de 775.320 toneladas de embalagens desde início da série histórica do INPEV no ano de 2002.

QUAIS SÃO OS PROBLEMAS AMBIENTAIS, SOCIAIS E ECONÔMICOS CAUSADOS PELOS RESÍDUOS RURAIS?

Os resíduos rurais, se não forem manejados de forma adequada, podem causar diversos problemas para o meio ambiente, para a saúde humana e animal e para a economia. Veja alguns deles a seguir:

Poluição do solo: Os resíduos rurais podem contaminar o solo com substâncias tóxicas, como metais pesados, agrotóxicos, medicamentos, etc., que podem afetar a fertilidade, a produtividade e a qualidade dos produtos agrícolas. Além disso, os resíduos rurais podem alterar o pH, a umidade, a temperatura e a aeração do solo, favorecendo a proliferação de pragas, doenças e ervas daninhas.

Cabe ressaltar que a contaminação do recurso solo nada mais é que um desequilíbrio no meio. O termo "contaminação do solo" refere-se à presença de substâncias tóxicas de classes químicas tais como: VOC (Volatile Organic Compounds), hidrocarbonetos alifáticos e aromáticos como BTX (benzeno, tolueno e xileno), óleos pesados, sub-produtos do craqueamento dos derivados petroquímicos, elementos inorgânicos radionuclídeos, metais pesados, solventes e compostos clorados, PAHs (Hidrocarbonetos aromáticos polinucleares), fenóis, pesticidas halogenados, aminas nitrogenadas, ésteres, álcoois e produtos intermediários (BOOPATHY,2002).

Poluição da água: Os resíduos rurais podem poluir a água superficial e subterrânea, por meio do escoamento, da infiltração ou da lixiviação de substâncias tóxicas, orgânicas ou patogênicas. Isso pode comprometer a qualidade e a quantidade da água disponível para o consumo humano, animal e agrícola, além de causar a eutrofização, a acidificação e a salinização dos corpos hídricos.

MARTINS et al. (1991) alertam que a proteção qualitativa das águas subterrâneas tem sido negligenciada e, mesmo com a importância sob o ponto de vista econômico e estratégico, é preciso protegê-las contra as diferentes formas de contaminação.

Entende-se por poluiçãodas águas "qualqueralteração das propriedades físicas, químicas ou biológicas, capaz de por em risco a saúde, a segurança e o bem-estar das populações ou que possa comprometer a fauna ictiológica e a utilização das águas para fins agrícolas, comerciais, industriais e recreativos", ou seja, que prejudique qualquerdos seus usos múltiplos (PAGANINI, 2006).

Poluição do ar: Os resíduos rurais podem poluir o ar, por meio da emissão de gases, vapores, fumaça, poeira ou odores, provenientes da decomposição, da queima ou do transporte dos resíduos. Isso pode afetar a qualidade do ar, causando problemas respiratórios, alérgicos e irritantes, além de contribuir para o efeito estufa e as mudanças climáticas.

A poluição do ar e a exposição do ser humano aos gases produzidos proporcionam danos a saúde, em alguns casos irreversíveis, e atuam a longo prazo de acordo com o grau de exposição que o individuo é submetido diariamente a estas substâncias prejudiciais. O contato direto do homem com estas toxinas irritantes provocam efeitos imediatos como: irritação nos olhos, garganta inflamada, falta de ar, dores de cabeça, enjoos (SEWELL, 1978).

Degradação da paisagem: Os resíduos rurais podem degradar a paisagem, por meio da formação de lixões, depósitos ou pilhas de resíduos, que podem causar impactos visuais, estéticos e turísticos. Além disso, os resíduos rurais podem interferir na fauna e na flora, atraindo ou afastando animais, plantas e microrganismos, alterando a biodiversidade e o equilíbrio ecológico.

Prejuízo à saúde: Os resíduos rurais podem prejudicar a saúde humana e animal, por meio da transmissão de doenças, infecções, intoxicações ou alergias, causadas pelo contato direto ou indireto com os resíduos ou com os agentes contaminantes. Alguns exemplos de doenças relacionadas aos resíduos rurais são: leptospirose, tétano, febre tifoide, cólera, hepatite, salmonellose, brucelose, tuberculose, etc.

Prejuízo à economia: Os resíduos rurais podem prejudicar a economia, por meio da redução da produtividade, da qualidade e da competitividade dos produtos agrícolas e pecuários, bem como da geração de custos adicionais com a prevenção, o tratamento e a recuperação dos danos causados pelos resíduos. Além disso, os resíduos rurais podem representar uma perda de recursos naturais, energéticos e financeiros, que poderiam ser aproveitados de forma mais eficiente e sustentável.

QUAIS SÃO AS LEGISLAÇÕES, NORMAS E POLÍTICAS PÚBLICAS RELACIONADAS AOS RESÍDUOS RURAIS?

Os resíduos rurais estão sujeitos a diversas legislações, normas e políticas públicas, que visam regular, orientar e incentivar o seu manejo adequado, bem como prevenir e punir os seus impactos negativos. Veja a seguir algumas das principais legislações, normas e políticas públicas relacionadas aos resíduos rurais:

Lei nº 12.305/2010: Institui a Política Nacional de Resíduos Sólidos, que estabelece os princípios, os objetivos, as diretrizes, as metas e as ações para a gestão integrada e o gerenciamento dos resíduos sólidos, incluindo os resíduos rurais. A lei também define as responsabilidades dos geradores, dos transportadores, dos destinadores e dos poderes públicos, bem como os instrumentos, os incentivos e as penalidades para o cumprimento da política.

Decreto nº 10.936/2022: Regulamenta a Lei nº 12.305/2010, enfoca aspectos essenciais na administração de resíduos sólidos, enfatizando a importância da responsabilidade compartilhada na gestão destes resíduos. Além disso, aborda a organização da coleta seletiva e estabelece o Programa Nacional de Logística Reversa. Este programa é integrado tanto ao Sistema Nacional de Informações sobre a Gestão dos Resíduos Sólidos (SINIR) quanto ao Plano Nacional de Resíduos Sólidos (PLANARES), fortalecendo o gerenciamento e a sustentabilidade no tratamento de resíduos no Brasil.

Lei nº 14.785/2023: Dispõe sobre a pesquisa, a experimentação, a produção, a embalagem e a rotulagem, o transporte, o armazenamento, a comercialização, a propaganda comercial, a utilização, a importação, a exportação, o destino final dos resíduos e embalagens, o registro, a classificação, o controle, a inspeção e a fiscalização de agrotóxicos, seus componentes e afins, e dá outras providências. A lei também define as competências dos órgãos federais e estaduais, bem como as infrações e as sanções administrativas, civis e penais.

Lei nº 14.026/2020: Altera a Lei nº 9.984/2000, instituindo o novo marco legal do saneamento básico, que estabelece as diretrizes nacionais para o saneamento básico, incluindo o abastecimento de água potável, o esgotamento sanitário, a limpeza urbana e o manejo de resíduos sólidos, e a drenagem e o manejo das águas pluviais urbanas. A lei também define as competências dos órgãos federais, estaduais e municipais, bem como os instrumentos, os incentivos e as penalidades para o cumprimento do marco legal.

As normativas **NR31, NBR nº 13.968/1997, NBR nº 14.719/2001 e NBR nº 14.935/2003**: Tratam da organização do ambiente de trabalho rural, tríplice lavagem de embalagens de agrotóxicos e destinação final. Bem como a **Resolução CONAMA 465/2014,** que trata de requisitos e critérios para o licenciamento ambiental de estabelecimentos destinados ao recebimento de embalagens de agrotóxicos e afins, vazias ou contendo resíduos.

QUAIS SÃO AS BOAS PRÁTICAS E AS TECNOLOGIAS PARA O GERENCIAMENTO DOS RESÍDUOS RURAIS?

O gerenciamento dos resíduos rurais consiste no conjunto de ações que visam minimizar a geração, maximizar o aproveitamento e garantir a destinação adequada dos resíduos rurais, de forma a evitar ou reduzir os seus impactos negativos e potencializar os seus benefícios. O gerenciamento dos resíduos rurais deve seguir os princípios da hierarquia dos resíduos, que são: não geração, redução, reutilização, reciclagem, tratamento e disposição final ambientalmente adequada.

Para realizar o gerenciamento dos resíduos rurais, é preciso adotar algumas boas práticas e utilizar algumas tecnologias, que podem variar de acordo com o tipo, a quantidade e a qualidade dos resíduos, bem como com as condições locais, os recursos disponíveis e as demandas dos produtores e da sociedade. Veja a seguir algumas das principais boas práticas e tecnologias para o gerenciamento dos resíduos rurais:

Compostagem: É o processo biológico de decomposição aeróbica dos resíduos orgânicos, realizado por microrganismos, que resulta na produção de um material rico em matéria orgânica e nutrientes, chamado de composto orgânico. A compostagem pode ser feita em diferentes escalas, sistemas e métodos, como pilhas, leiras, caixas, tambores, biodigestores, etc.

Segundo Kiehl (1979), a compostagem pode ser classificada, segundo quatro fatores: aeração, temperatura, ambiente, e tipo de processamento.

A compostagem é uma forma de reduzir a quantidade e o volume dos resíduos orgânicos, bem como de aproveitá-los para a produção de adubo orgânico, que pode ser usado na agricultura, na pecuária, na jardinagem, etc.

Decorre da transformação de resíduos orgânicos, por meio de processos físicos, químicos e biológicos, em material biogênico mais estável e resistente. O processo ocorre por meio da estabilização da matéria orgânica em condições de altas temperaturas (superiores a 45ºC), obtendo-se um produto final estável, rico em compostos húmicos e cuja utilização no solo não oferece riscos ao meio ambiente (ORRICO JUNIOR et al., 2012).

A técnica de compostagem tem como principais vantagens à redução de massa, volume e microrganismos patogênicos e permite a obtenção de um produto final com excelentes características fertilizantes, as quais devem ser aproveitadas de maneira consciente para produção vegetal (OLIVEIRA et al., 2015).

Reciclagem: É o processo de transformação dos resíduos recicláveis em novos produtos ou matérias-primas, que podem ser usados para os mesmos ou para outros fins. A reciclagem pode ser feita de forma artesanal, industrial ou artística, utilizando diferentes técnicas e equipamentos, como prensas, trituradores, extrusoras, injetoras, etc. A reciclagem é uma forma de reduzir o consumo de recursos naturais, energéticos e financeiros, bem como de gerar renda e emprego para os catadores, as cooperativas, as indústrias, etc.

> Já a reciclagem constitui a reintrodução de um resíduo, produto usado, para que possa ser reelaborado gerando um novo produto (MAZZER, CAVALCANTI, 2004).

Incineração: É o processo de queima dos resíduos em altas temperaturas, em câmaras ou fornos específicos, que resulta na produção de cinzas, gases e calor. A incineração pode ser usada para os resíduos que não podem ser reaproveitados ou que apresentam risco de contaminação, como os resíduos perigosos, os resíduos de saúde, os resíduos animais, etc. A incineração é uma forma de reduzir o volume e o peso dos resíduos, bem como de destruir os agentes patogênicos e tóxicos. O calor gerado pela incineração pode ser usado para a geração de energia elétrica ou térmica, por meio de sistemas de cogeração.

> A incineração é considerada uma forma de disposição final, e constitui método de tratamento que se utiliza da decomposição térmica, com o objetivo de tornar um resíduo menos volumoso e menos tóxico. Os remanescentes da incineração são constituídos de gases como dióxido de carbono, dióxido de enxofre, nitrogênio, oxigênio, água, cinza e escórias. Quando a combustão é incompleta podem aparecer monóxido de carbono e particulados, que são constituídos de carbono finamente dividido (Lima, 1995).

Conseqüentemente se faz necessário que os incineradores contenham equipamentos complementares, como filtros destinados ao tratamento de gases e agregados leves resultantes da combustão dos resíduos (Barros, 2002).

Aterro sanitário: É o local onde os resíduos são dispostos no solo, de forma ordenada e compactada, cobertos por uma camada de terra ou outro material, seguindo critérios técnicos de engenharia e normas operacionais de segurança. O aterro sanitário deve ter sistemas de impermeabilização, drenagem, tratamento e monitoramento dos líquidos (chorume) e dos gases (biogás) produzidos pela decomposição dos resíduos. O aterro sanitário é uma forma de isolar os resíduos do meio ambiente, evitando a poluição e os riscos à saúde. O biogás gerado pelo aterro sanitário pode ser usado para a geração de energia elétrica ou térmica, por meio de sistemas de aproveitamento energético.

QUAIS SÃO OS BENEFÍCIOS E AS OPORTUNIDADES DO APROVEITAMENTO DOS RESÍDUOS RURAIS?

O aproveitamento dos resíduos rurais consiste no conjunto de ações que visam transformar os resíduos rurais em produtos ou serviços de valor agregado, que podem ser usados para os mesmos ou para outros fins. O aproveitamento dos resíduos rurais pode ser feito de forma direta ou indireta, utilizando diferentes processos e tecnologias, como compostagem, reciclagem, incineração, biodigestão, pirólise, gaseificação, etc.

O aproveitamento dos resíduos rurais pode trazer diversos benefícios e oportunidades, tanto para os produtores rurais quanto para a sociedade em geral. Veja alguns deles a seguir:

Valorização dos resíduos: O aproveitamento dos resíduos rurais pode aumentar o valor dos resíduos, transformando-os em produtos ou serviços de maior utilidade e qualidade, que podem ser vendidos, doados ou consumidos pelos próprios produtores ou por terceiros. Alguns exemplos de produtos ou serviços derivados dos resíduos rurais são: adubo orgânico, biogás, biofertilizante, ração animal, energia elétrica, energia térmica, carvão vegetal, óleo vegetal, etanol, metanol, etc.

Redução dos impactos ambientais: O aproveitamento dos resíduos rurais pode reduzir os impactos ambientais causados pelos resíduos, evitando ou diminuindo a poluição do solo, da água e do ar, a degradação da paisagem, a emissão de gases de efeito estufa e as mudanças climáticas. Além disso, o aproveitamento dos resíduos rurais pode contribuir para a conservação dos recursos naturais, energéticos e financeiros, que poderiam ser poupados ou substituídos pelos produtos ou serviços derivados dos resíduos.

Geração de renda e emprego: O aproveitamento dos resíduos rurais pode gerar renda e emprego para os produtores rurais e para outras pessoas envolvidas na cadeia produtiva dos resíduos, como os catadores, os transportadores, os processadores, os distribuidores, os consumidores, etc. Além disso, o aproveitamento dos resíduos rurais pode estimular o desenvolvimento de novos negócios, mercados e parcerias, que podem aumentar a competitividade e a inovação do setor rural.

Melhoria da qualidade de vida: O aproveitamento dos resíduos rurais pode melhorar a qualidade de vida dos produtores rurais e da população em geral, por meio da melhoria das condições sanitárias, ambientais, econômicas e sociais do meio rural. Além disso, o aproveitamento dos resíduos rurais pode promover a educação ambiental, a conscientização, a participação e a responsabilidade dos produtores e da sociedade sobre o tema.

Como você pode ver, o aproveitamento dos resíduos rurais é uma forma de agregar valor, reduzir impactos, gerar oportunidades e melhorar a vida no campo e na cidade. Por isso, é importante que os produtores rurais e os demais agentes envolvidos no assunto se informem, se capacitem e se engajem nessa prática, que pode trazer benefícios para todos.

CONSIDERAÇÕES FINAIS

Neste artigo apresentei os resíduos rurais, quais são as suas fontes e características, quais são os problemas ambientais, sociais e econômicos causados pelos resíduos rurais, quais são as legislações, normas e políticas públicas relacionadas aos resíduos rurais, quais são as boas práticas e as tecnologias para o gerenciamento dos resíduos rurais e quais são os benefícios e as oportunidades do aproveitamento dos resíduos rurais.

Os resíduos rurais são um desafio, mas também uma oportunidade, para os produtores rurais e para a sociedade em geral. Com o manejo adequado e o aproveitamento inteligente dos resíduos rurais, é possível gerar valor, reduzir impactos, criar oportunidades e melhorar a qualidade de vida no campo e na cidade.

REFERÊNCIAS BIBLIOGRÁFICAS

ABNT (ASSOCIAÇÃO BRASILEIRA DE NORMAS TÉCNICAS). Resíduos Sólidos: classificação, NBR 10.004. Rio de Janeiro, 2004.

MOUSINHO, P. Glossário. In: Triguciro, A. (Coord.) Meio ambiente no século 21. Rio de Janeiro: Sextante. 2003.

NOVAES, Antonio Galvão. Logística e Gerenciamento da Cadeia de Distribuição. 4ª ed. Rio de Janeiro: Elsevier, 2016. p. 172.

BRASIL. Ministério do Meio Ambiente. Logística Reversa de Embalagens de Agrotóxicos: Manual de Orientação. Brasília: Ministério do Meio Ambiente, 2014. p. 7.

MENDONÇA, Luciana Cardoso; PINTO, Luís Henrique Vieira. Logística Reversa de Embalagens de Agrotóxicos: Propostas para aprimorar a gestão no Brasil. Brasília: Ipea, 2018. p. 9.

BOOPATHY R. Factors limiting bioremediation techologies. Bioresource Tecnology (2002) 63-67.

Martins MT, Pellizari VH, Pacheco A, Myaki DM, Adams C, Bossolan NRS, Mendes JMB, Hassuda S. Qualidade bacteriológica de águas subterrâneas em cemitérios. Rev. Saúde Pública. 1991;25:47-52.

Paganini WS. Introdução ao controle da poluição das águas. In: Controle da Poluição do Meio Poluição das Águas. São Paulo; 2006.

SEWELL, Granville Hardwick. Administração e controle da qualidade ambiental. São Paulo: EPU: Universidade de São Paulo. CETESB, 1978.

BRASIL. Lei nº 12305, de 2 de agosto de 2010. Disponível em: https://www.planalto.gov.br/ccivil_03/_ato2007-2010/2010/lei/l12305.htm. Acesso em: 27 dez. 2023.

BRASIL. Decreto nº 10936, de 11 de janeiro de 2022. Disponível em: https://www.planalto.gov.br/ccivil_03/_Ato2019-2022/2022/Decreto/D10936.htm#art91. Acesso em: 27 dez. 2023.

BRASIL. Lei nº 14785, de 27 de dezembro de 2023. Disponível em: https://www.planalto.gov.br/ccivil_03/_Ato2023-2026/2023/Lei/L14785.htm#art65. Acesso em: 28 dez. 2023.

BRASIL. Lei nº 14026, de 15 de julho de 2020. Disponível em: https://www.planalto.gov.br/ccivil_03/_ato2019-2022/2020/lei/l14026.htm. Acesso em: 28 dez. 2023.

KIEHL, E.S. Metodologia da compostagem e ação fertilizante do composto de resíduos domiciliares. Piracicaba, SP, Escola Superior de Agronomia Luiz de Queiros/USP, 1979.

ORRICO JUNIOR, M. A. P.; ORRICO, A. C. A.; LUCAS JUNIOR, J.; SAMPAIO, A. A. M.; FERNANDES, A. R. M.; OLIVEIRA, E. A. Compostagem dos dejetos da bovinocultura de corte: influência do período, do genótipo e da dieta. Revista Brasileira de Zootecnia, v.41, n.5, p.1301-1307, 2012.

OLIVEIRA, E. L. de.; RODRIGUES, G. S.; SANTIAGO, L. B.; SOUZA, H. A. Compostagem de resíduos da produção e abate de pequenos ruminantes. Sobral- CE, Embrapa Caprinos e Ovinos, 2015.

MAZZER, C; CAVALCANTI, O. A. Introdução à gestão ambiental de resíduos. Infarma, v.16, nº 11-12, p.67-77, 2004. Disponível em: <http://www.cff.org.br/sistemas/geral/revista/pdf/77/i04-aintroducao.pdf>. Acesso em: 28 dez. 2023.

6

DESAFIOS E OPORTUNIDADES DA AGRICULTURA DIGITAL NO AGRONEGÓCIO BRASILEIRO

DOI:

Trabalho apresentado como exigência para conclusão do Curso de MBA Executivo em Agronegócios pela Faculdade Iguaçu.

RESUMO:

A agricultura digital é um campo em expansão que oferece oportunidades para melhorar a eficiência e produtividade do agronegócio brasileiro. No entanto, há também desafios que precisam ser enfrentados, como a falta de infraestrutura de tecnologia em algumas áreas rurais e a necessidade de capacitação dos produtores para usar essas novas ferramentas de maneira eficaz. Além disso, a segurança de dados é uma preocupação importante a ser abordada. Se esses desafios forem superados, a agricultura digital tem o potencial de trazer grandes benefícios para a produção de alimentos, desde o monitoramento da saúde das plantas até o gerenciamento de custos e recursos.

Palavras chaves: Agricultura Digital, Agronegócio Brasileiro, Tecnologia Agropecuária.

ABSTRACT:

Digital agriculture is a growing field that offers opportunities to enhance the efficiency and productivity of Brazilian agribusiness. However, there are also challenges that need to be addressed, such as the lack of technology infrastructure in some rural areas and the need to train producers to effectively utilize these new tools. Additionally, data security is a significant concern to be tackled. If these challenges are overcome, digital agriculture has the potential to bring substantial benefits to food production, ranging from plant health monitoring to cost and resource management.

Keywords: Digital Agriculture, Brazilian Agribusiness, Agricultural Technology.

INTRODUÇÃO

Vivemos uma era em que uma significativa vantagem competitiva é proporcionada pela transformação digital. Processos de negócios e setores inteiros, inclusive na agricultura, serão transformados pelas tecnologias digitais e seus impactos na sociedade (DEMIRKAN; SPOHRER; WELSER, 2016).

Aqueles que não tirarem vantagem desta nova era podem limitar drasticamente oportunidade para sucesso futuro (BERMAN; BELL, 2011).

Agricultura digital tem se tornado um tópico cada vez mais relevante para o setor agropecuário brasileiro, que tem papel fundamental na economia do país. A adoção de tecnologias digitais pode trazer inúmeros benefícios para a produção agropecuária, como aumento da eficiência, produtividade e sustentabilidade. Nesse contexto, este artigo tem como objetivo explorar os desafios e oportunidades da agricultura digital no agronegócio brasileiro.

> A tecnologia é a chave para o desenvolvimento sustentável do setor agrícola, permitindo que os produtores obtenham maiores rendimentos com menos recursos naturais e menor impacto ambiental. A tecnologia digital, em particular, pode ajudar a monitorar e gerenciar os cultivos de forma mais eficiente, tornando o processo agrícola mais inteligente e sustentável. (FAO, 2020).

> A busca pela otimização no uso dos recursos naturais e dos insumos fará com que a fazenda do futuro seja massivamente monitorada e automatizada. Sensores dispersos por toda a propriedade e interligados à internet configurarão a 'Internet das Coisas', em que os objetos ou aparelhos do mundo estarão ligados de um modo sensorial e inteligente e gerarão dados em grande volume (big data). (Massruhá, 2015).

Para entender melhor o que é agricultura digital, é necessário ter em mente alguns conceitos importantes. A internet das coisas, por exemplo, se refere à conexão de dispositivos e sensores que coletam dados e informações em tempo real, permitindo uma maior compreensão dos processos produtivos e tomadas de decisão mais precisas. O Big Data, por sua vez, é a capacidade de armazenar, processar e analisar grandes quantidades de dados, permitindo identificar padrões e tendências que ajudam a otimizar a produção e reduzir custos. Já a inteligência artificial engloba técnicas como Machine Learning e Deep Learning, que permitem que máquinas aprendam a partir de dados e possam tomar decisões autônomas, como identificar pragas e doenças em plantações, por exemplo.

A agricultura não se trata apenas de cultivar plantas, mas sim de cultivar dados - e então plantas. Dr. Keith Redenbaugh (2016).

Agricultura de precisão é o uso da inteligência artificial para melhorar a produtividade e eficiência na produção de alimentos. - Dr. Anant Agarwal (2019).

No agronegócio, a agricultura digital refere-se à aplicação de tecnologias digitais na produção agrícola e em toda a cadeia produtiva, incluindo a comercialização e distribuição de produtos agrícolas. O objetivo da agricultura digital é melhorar a eficiência e a produtividade do setor, reduzir custos, aumentar a sustentabilidade e a segurança alimentar e, consequentemente, gerar mais lucros.

O Brasil é um dos maiores produtores de alimentos do mundo, e o agronegócio é um dos setores mais importantes da economia do país, representando cerca de 23% do Produto Interno Bruto (PIB).

O setor agropecuário brasileiro é um dos poucos que cresceu no primeiro semestre de 2020, mesmo diante do cenário de pandemia. Além disso, a produção agropecuária bateu recorde em 2020, alcançando 255,7 milhões de toneladas, um aumento de 5,2% em relação a 2019. CONAB (2021).

Deste modo a aplicação de tecnologias digitais no agronegócio brasileiro tem cada vez mais grande potencial para melhorar a produtividade e a competitividade do setor, bem como contribuir para a sustentabilidade ambiental.

O Big Data tem revolucionado a agricultura ao permitir que grandes volumes de dados sejam coletados em tempo real, desde informações sobre clima até dados de produtividade e saúde do solo. A partir desses dados, a tecnologia permite o processamento e análise dessas informações, tornando possível a tomada de decisões mais precisas e eficientes na gestão das lavouras. Agrosmart (2021).

O uso de tecnologias como o Big Data tem transformado a agricultura, permitindo aos produtores coletar e analisar dados em tempo real para tomar decisões mais precisas e informadas. Com a ajuda do Big Data, é possível fazer análises complexas e identificar padrões que podem ajudar a melhorar a produtividade e reduzir os custos de produção. Forbes (2020).

Algumas das tecnologias digitais utilizadas na agricultura incluem a internet das coisas (IoT), big data, inteligência artificial (IA), drones, automação e robótica. A IoT permite a coleta de dados em tempo real sobre as condições climáticas, umidade do solo, qualidade do ar e outros fatores que afetam a produção agrícola. O Big Data permite o processamento e análise desses dados para obter informações valiosas que podem ser usadas para tomada de decisão e planejamento de produção. A IA pode ser utilizada para prever a demanda do mercado, otimizar o uso de fertilizantes e pesticidas, e melhorar a qualidade da produção agrícola.

DESAFIOS E OPORTUNIDADES DA AGRICULTURA DIGITAL NO AGRONEGÓCIO BRASILEIRO

Um dos principais benefícios da agricultura digital é a possibilidade de melhorar a eficiência e a produtividade do setor, ao permitir um melhor monitoramento das condições do solo, do clima e das plantas, além de possibilitar o uso de máquinas autônomas e drones para realizar tarefas de plantio, pulverização e colheita.

No entanto, para que essas tecnologias sejam efetivamente utilizadas, é preciso superar alguns desafios, como a falta de acesso à internet em muitas áreas rurais do país, que impede a coleta e transmissão de dados em tempo real, além da necessidade de capacitar os produtores para utilizar as ferramentas digitais.

Além disso, a segurança dos dados é uma questão crítica na agricultura digital, uma vez que as informações coletadas pelos sensores e dispositivos podem ser sensíveis e precisam ser protegidas contra invasões e vazamentos.

De acordo com o estudo "Agricultura Digital no Brasil: desafios e oportunidades", realizado pela Embrapa (Empresa Brasileira de Pesquisa Agropecuária), a principal oportunidade da agricultura digital no país é aumentar a eficiência e a competitividade do setor, reduzindo custos e aumentando a qualidade e a produtividade. No entanto, para isso acontecer, é preciso superar os desafios já mencionados, além de criar políticas públicas que incentivem a adoção de tecnologias digitais no campo.

Embora a agricultura digital tenha um grande potencial para melhorar a produtividade e a sustentabilidade do setor agropecuário brasileiro, é necessário enfrentar alguns desafios. A falta de infraestrutura de conectividade é um obstáculo significativo para a adoção da agricultura digital no Brasil, principalmente em áreas rurais mais remotas. A expansão da cobertura de internet de alta velocidade e a implementação de redes de baixo custo são fundamentais para ampliar o uso de tecnologias digitais no setor. Deste modo são necessários investimentos para superar essa barreira.

> A tecnologia aplicada ao campo tem sido uma grande aliada para a promoção da sustentabilidade no agronegócio. Ela permite o aumento da produtividade com menor impacto ambiental, através da redução do uso de defensivos agrícolas, da economia de água e energia, e da gestão mais eficiente dos recursos naturais. ABMRA (2021).

A incorporação e implementação da tecnologia no setor agrícola têm desencadeado uma revolução significativa no que concerne à promoção e consolidação dos princípios de sustentabilidade no âmbito do agronegócio. A simbiose entre a tecnologia e a agricultura tem propiciado um notável aprimoramento nos processos produtivos e operacionais, culminando não somente em um aumento substancial na produção de alimentos, mas também na atenuação dos impactos ambientais que historicamente têm sido associados a essa esfera.

Uma das facetas mais proeminentes desse casamento entre tecnologia e agronegócio reside na otimização dos métodos de manejo e proteção das culturas. O emprego de soluções tecnológicas avançadas tem conferido a possibilidade de reduzir consideravelmente a dependência de agrotóxicos convencionais, mediante a adoção de abordagens mais focalizadas e direcionadas. Desse modo, minimiza-se a dispersão de produtos químicos no meio ambiente, mitigando os riscos associados à contaminação de solos e águas subterrâneas, ao passo que preserva a biodiversidade local.

Também, a aplicação da tecnologia tem redundado em uma gestão mais precisa e eficiente dos recursos naturais, como a água e a energia. Através da implementação de sistemas de monitoramento em tempo real e da automação de processos, tornou-se possível um uso mais parcimonioso e direcionado desses recursos vitais. Isso se traduz não apenas em benefícios econômicos, dada a redução dos custos operacionais, mas também em ganhos ambientais expressivos, contribuindo para a conservação de recursos escassos em um contexto global de crescente demanda.

Não se pode subestimar o impacto positivo da tecnologia na valorização da sustentabilidade no agronegócio. A convergência entre inovação tecnológica e práticas agrícolas sustentáveis não apenas alinha-se com as expectativas da sociedade contemporânea em relação à preservação do meio ambiente, mas também endossa uma abordagem estratégica que visa garantir a viabilidade e resiliência do setor agrícola a longo prazo. Portanto, o contínuo investimento em pesquisa e desenvolvimento tecnológico, aliado a uma adoção consciente e responsável das ferramentas disponíveis, figura como um imperativo para a consecução dos objetivos de produção agrícola em harmonia com os preceitos da sustentabilidade global.

APLICAÇÃO PRÁTICA DA AGRICULTURA DIGITAL NO AGRONEGÓCIO BRASILEIRO

A agricultura digital é uma inovação tecnológica que vem ganhando espaço no agronegócio brasileiro. Essa tecnologia envolve a aplicação de técnicas de informática, sensoriamento remoto, automação e outras tecnologias de ponta para otimizar e aprimorar a produção agrícola.

A aplicação prática da agricultura digital no agronegócio brasileiro traz inúmeras vantagens, como o aumento da produtividade, a redução de custos e o aumento da eficiência do processo produtivo. Com o uso de técnicas de sensoriamento remoto, por exemplo, é possível monitorar o solo, as plantas e as condições climáticas em tempo real, o que permite que os produtores tomem decisões mais assertivas e precisas sobre o momento certo de irrigar, fertilizar ou colher.

Um exemplo concreto da aplicação tangível da agricultura digital reside na automação dos processos produtivos, viabilizada por meio da adoção de uma série de avançadas tecnologias, tais como drones, robôs e sistemas automatizados. Esse cenário de automação inteligente consubstancia uma abordagem inovadora que concretamente favorece os produtores, conferindo-lhes vantagens consideráveis em termos de eficiência e celeridade na execução das diversas tarefas agrícolas.

No contexto desta evolução tecnológica, a utilização de drones emerge como um recurso de destaque, munido da capacidade de monitoramento e análise remota de extensas áreas agrícolas. Por meio de sensores especializados, essas aeronaves não tripuladas podem avaliar com precisão variáveis cruciais, tais como a saúde das plantas, níveis de umidade do solo e desenvolvimento de culturas. A coleta de informações em tempo real e a geração de dados georref-erenciados possibilitam uma tomada de decisão mais informada, contribuindo para a detecção precoce de problemas e a intervenção direcionada.

A automação, por sua vez, se estende ao domínio dos robôs agrícolas, que desempenham um papel fundamental na execução de tarefas repetitivas e laboriosas. Esses dispositivos inteligentes são projetados para uma variedade de funções, desde a semeadura e o plantio até a colheita e a aplicação de insumos. Munidos de sensores e algoritmos avançados, esses robôs podem operar com precisão milimétrica, otimizando a distribuição de recursos e garantindo a uniformidade das atividades agrícolas. Essa abordagem não apenas resulta em ganhos de eficiência e qualidade, mas também reduz significativamente o esforço humano exigido.

O impacto dessa automação na otimização do tempo e na redução de custos não deve ser subestimado. Ao reduzir a necessidade de intervenção manual em tarefas repetitivas e intensivas, a agricultura digital proporciona uma alocação mais estratégica da força de trabalho, permitindo que os trabalhadores se concentrem em atividades de maior valor agregado e de natureza mais intelectual. Além disso, a precisão e consistência conferidas pela automação podem minimizar desperdícios e erros, contribuindo para a maximização da produtividade e a mitigação de perdas.

Desse modo, a automação dos processos produtivos no âmbito da agricultura digital emerge como um paradigma transformador, capaz de remodelar fundamentalmente a dinâmica das operações agrícolas. Ao unir o potencial da inteligência artificial, sensores de alta precisão e dispositivos autônomos, essa abordagem viabiliza uma nova era de eficiência, redução de custos e sustentabilidade no setor agropecuário. A contínua exploração e adoção dessas tecnologias, aliadas a uma compreensão ampla de seus benefícios e desafios, configura um caminho promissor em direção a um sistema agrícola mais resiliente e adaptável.

É válido ressaltar ainda que a adoção da agricultura digital também pode ser um importante aliado na mitigação dos efeitos negativos sobre o meio ambiente, decorrentes da prática agrícola. Esse desiderato é concretizado por intermédio da incorporação de técnicas avançadas de agricultura de precisão, cujo enfoque reside na otimização da aplicação de insumos agrícolas, de maneira altamente eficiente e direcionada.

A agricultura de precisão se destaca como um paradigma transformador, oferecendo um novo patamar de controle e discernimento sobre as atividades agrícolas. Através da coleta e análise minuciosa de dados, provenientes de diversas fontes, como sensores de solo, imagens de satélite e históricos climáticos, os produtores podem realizar intervenções específicas, adaptadas às características singulares de cada parcela de terra. Essa abordagem se traduz em uma distribuição mais criteriosa de insumos, tais como fertilizantes e defensivos agrícolas, evitando excessos e minimizando a dispersão de substâncias químicas indesejadas no ambiente.

A técnica de aplicação direcionada, induzida pela agricultura de precisão, contribui para uma redução substancial da pegada ambiental da atividade agrícola. A minimização da utilização de defensivos agrícolas não apenas atenua os riscos de contaminação dos solos e das águas, mas também preserva a saúde dos ecossistemas circundantes e da biodiversidade. Além disso, a abordagem de precisão confere maior eficiência à nutrição das culturas, otimizando a assimilação de nutrientes pelas plantas e diminuindo os resíduos nos sistemas agrícolas.

Mediante a aplicação criteriosa e consciente da agricultura digital e das técnicas de agricultura de precisão, os produtores estão aptos a alcançar um equilíbrio mais sustentável entre a produção agrícola e a preservação do ambiente. Esse paradigma ressoa com as expectativas crescentes da sociedade em relação a práticas agrícolas mais responsáveis e respeitosas com os recursos naturais. Portanto, a convergência entre tecnologia e agricultura não apenas proporciona benefícios econômicos e operacionais, mas também consolida um compromisso genuíno com a promoção da sustentabilidade e a conservação do nosso precioso ecossistema.

Apesar das vantagens, a aplicação prática da agricultura digital no agronegócio brasileiro ainda enfrenta alguns desafios, como a falta de infraestrutura e conectividade em algumas regiões do país, a resistência dos produtores em adotar novas tecnologias e a falta de capacitação e conhecimento sobre as tecnologias disponíveis.

No entanto, o potencial da agricultura digital para o agronegócio brasileiro é enorme, e a sua aplicação prática pode trazer benefícios significativos para toda a cadeia produtiva, desde os produtores até os consumidores. É importante que o setor esteja aberto à adoção de novas tecnologias e que sejam realizados investimentos em infraestrutura e capacitação para que o país possa se tornar cada vez mais competitivo no mercado global.

O pesquisador Bruno Hesse, da Universidade Federal do Rio Grande do Sul, destaca a importância da agricultura digital para a sustentabilidade do agronegócio brasileiro. Segundo ele, a agricultura digital pode ajudar a reduzir o uso de agroquímicos e outros insumos, melhorando a qualidade dos produtos e reduzindo os impactos ambientais da produção agrícola.

Por fim, o pesquisador Antonio Cesar Silva Costa, da Embrapa Pecuária Sudeste, destaca a importância da integração de tecnologias na gestão da produção agropecuária. Ele destaca a importância do uso de sistemas de informações geográficas (SIG) para a gestão de propriedades rurais e da aplicação de técnicas de análise de dados para a identificação de padrões e tendências na produção agrícola.

CONSIDERAÇÕES FINAIS

A agricultura digital tem sido apontada como uma grande oportunidade para o agronegócio brasileiro, trazendo benefícios significativos como a redução dos custos de produção, o aumento da produtividade, a melhoria da qualidade dos produtos e a sustentabilidade da atividade agrícola. No entanto, a aplicação prática da agricultura digital no Brasil ainda enfrenta desafios a serem superados.

Um dos principais desafios é a falta de infraestrutura tecnológica em algumas regiões do país, o que dificulta a implementação de soluções digitais no campo. Além disso, há a necessidade de investimentos em pesquisa e desenvolvimento de tecnologias adaptadas às condições climáticas, culturais e socioeconômicas do país.

Outro desafio é a capacitação dos profissionais do setor para lidar com as novas tecnologias, além da necessidade de uma cultura de inovação e colaboração entre os diferentes atores do agronegócio, como produtores rurais, empresas de tecnologia e instituições de pesquisa.

Apesar desses desafios, a agricultura digital apresenta grandes oportunidades para o agronegócio brasileiro, especialmente em um contexto de aumento da demanda global por alimentos e de necessidade de produção de forma sustentável. A aplicação de tecnologias como a Internet das Coisas, a inteligência artificial, a análise de dados e a automação de processos tem o potencial de revolucionar a forma como a produção agrícola é realizada no Brasil, tornando-a mais eficiente e sustentável.

Para aproveitar plenamente as oportunidades da agricultura digital, é fundamental que o setor agrícola brasileiro invista em infraestrutura tecnológica, pesquisa e desenvolvimento, capacitação profissional e colaboração entre os diferentes atores do agronegócio. Somente assim será possível enfrentar os desafios e alcançar os benefícios que a agricultura digital pode trazer para o agronegócio brasileiro.

REFERENCIAS BIBLIOGRÁFICAS

BERMAN, S. J.; BELL, R. Digital transformation: Creating new business models where digital meets physical. IBM Institute for Business Value, p.1-17, 2011.

DEMIRKAN, H.; SPORER, J.C.; WELSER, J. J. Digital Innovation and Strategic Transformation. IT Professional, v. 18, n. 6, p. 14-18, 2016.

Organização das Nações Unidas para a Alimentação e Agricultura (FAO). (2020). Transformação Digital na Agricultura e no Desenvolvimento Rural. http://ww w.fao.org/3/ca9145pt/CA9145PT.pdf. Acesso em 16/09/2023.

Massruhá, Silvia Maria Fonseca Silveira. (2015). Tecnologias da Informação e da Comunicação, o papel na agricultura. AgroANALYSIS. https://bibliotec adigital.fgv.br/ojs/index.php/agroanalysis/article/download/59598/57951. Acesso em 16/09/2023.

REDENBAUGH, Keith. In: A 2ª Revolução Verde: Agrobusiness e Big Data, 2016, São Francisco. Anais da 2ª Conferência sobre a Revolução Verde: Agrobusiness e Big Data. São Francisco: Green Revolution, 2016. p. 15-16.

AGARWAL, Anant. In: Proceedings of the IEEE 2nd International Conference on Intelligent Agriculture (ICIA 2019). Beijing, China: IEEE, 2019. p. 1-3.

Companhia Nacional de Abastecimento (Conab). (2021). Boletim Agrícola: Safra 2020/2021. https://www.conab.gov.br/info-agro/safras/graos. Acesso em 16/09/2023.

Agrosmart. (2021). O Que é Big Data na Agricultura? https://www.agrosmart.c om.br/o-que-e-big-data-na-agricultura/. Acesso em 16/09/2023.

Forbes Brasil. (2020). Como o Big Data está revolucionando a agricultura. https://forbes.com.br/negocios/2020/05/como-o-big-data-esta-revolucion ando-a-agricultura/. Acesso em 16/09/2023.

Embrapa - Empresa Brasileira de Pesquisa Agropecuária. Agricultura Digital no Brasil: desafios e oportunidades. Brasília: Embrapa, 2019. Disponível em: https://ainfo.cnptia.embrapa.br/digital/bitstream/item/193750/1/Agricultura -digital.pdf. Acesso em 16/09/2023.

SOUSA, R. O. et al. Agricultura Digital e a Internet das Coisas: Os Desafios do Brasil. Revista de Tecnologia Aplicada, v. 5, n. 2, p. 38-52, 2016.

SANTOS, R. M. et al. Agricultura Conectada: Potenciais e Desafios no Contexto Brasileiro. In: XXV Congresso Brasileiro de Ciência e Tecnologia de Alimentos, 2016, Gramado. Anais do XXV Congresso Brasileiro de Ciência e Tecnologia de

Alimentos, 2016.

SILVA, F. P. da; PLOTZ, R. O.; SALISBURY, C. L.; HENNESSY, D. A.; WEBB, M. J.; ROTH, G. W. Automated identification of crop rows in agricultural imagery using deep learning and superpixel segmentation. Computers and Electronics in Agriculture, v. 155, p. 41-53, 2018.

HESSE, Bruno. Agricultura digital e sustentabilidade no agronegócio brasileiro. In: Congresso Brasileiro de Agroinformática, 9., 2017, Fortaleza. Anais... Fortaleza: Sociedade Brasileira de Computação, 2017. p. 281-286.

Costa, A. C. S. (2021). Integração de tecnologias na gestão da produção agropecuária. Embrapa Pecuária Sudeste.

Associação Brasileira de Marketing Rural e Agronegócio (ABMRA). (2021). Tecnologia no Campo: Sustentabilidade e Eficiência. https://www.abmra .org.br/tecnologia-no-campo-sustentabilidade-e-eficiencia/. Acesso em 16/09/2023.

EMBRAPA - EMPRESA BRASILEIRA DE PESQUISA AGROPECUÁRIA (2018). Visão 2030:o futuro da agricultura brasileira. Brasília, DF: Embrapa.

7

IMPACTOS SOCIOAMBIENTAIS DA DISPOSIÇÃO INADEQUADA DE RESÍDUOS

DOI:

Trabalho apresentado como exigência para conclusão do Curso de MBA em Gestão e Tecnologia de Resíduos pela Faculdade Iguaçu.

RESUMO:

Neste artigo, discutimos os impactos socioambientais causados pela disposição inadequada de resíduos. Descrevemos como a gestão inadequada de resíduos pode gerar problemas de saúde pública, contaminação do solo e dos recursos hídricos, poluição atmosférica e impactos negativos na fauna e flora local. Também abordamos os princípios da gestão sustentável de resíduos, que envolvem a redução, reutilização, reciclagem e disposição final adequada dos resíduos, bem como as políticas públicas para a gestão de resíduos sólidos. Concluímos que a gestão adequada de resíduos sólidos é fundamental para garantir a preservação do meio ambiente e a saúde pública, e que são necessárias ações coordenadas entre governos, empresas e sociedade civil para alcançar esse objetivo.

Palavras-chaves: Resíduos sólidos, Gestão ambiental, Saúde pública.

ABSTRACT:

In this article, we discuss the socio-environmental impacts caused by the improper disposal of waste. We describe how inadequate waste management can lead to public health issues, soil and water resource contamination, air pollution, and negative effects on local fauna and flora. We also address the principles of sustainable waste management, which involve reducing, reusing, recycling, and properly disposing of waste, as well as public policies for solid waste management. We conclude that proper solid waste management is essential for ensuring environmental preservation and public health, and that coordinated actions between governments, businesses, and civil society are necessary to achieve this goal.

Keywords: Solid waste, Environmental management, Public health.

INTRODUÇÃO

A disposição inadequada de resíduos sólidos pode gerar diversos problemas ambientais, como a contaminação do solo, da água e do ar, além de impactar negativamente a biodiversidade do planeta. Além disso, a exposição à poluição gerada pela gestão inadequada de resíduos pode causar graves problemas de saúde pública, como doenças respiratórias, infecções gastrointestinais, entre outras.

Nesse sentido, diversos estudos apontam para a necessidade urgente de se adotar políticas públicas efetivas para a gestão adequada de resíduos sólidos. É fundamental que as autoridades governamentais, as empresas e a população em geral trabalhem juntos na busca de soluções sustentáveis para o gerenciamento de resíduos. A reciclagem, a compostagem, a coleta seletiva e outras práticas sustentáveis são algumas das alternativas viáveis que podem ajudar a reduzir os impactos negativos da gestão inadequada de resíduos.

Além disso, a gestão inadequada de resíduos sólidos também pode levar a problemas sociais, econômicos e políticos. A falta de investimentos em infraestrutura para a gestão de resíduos pode resultar em acúmulo de lixo em locais indevidos, gerando riscos para a saúde pública e danos ao meio ambiente. Além disso, a má gestão de resíduos pode afetar a economia local, pois a imagem negativa causada pela falta de gestão adequada pode afastar investimentos e turistas. Em âmbito político, a gestão inadequada de resíduos pode gerar conflitos entre os governos e a população, causando instabilidade política e social. Portanto, é crucial que a gestão de resíduos sólidos seja vista como uma prioridade por todos os envolvidos, a fim de garantir um futuro mais saudável e sustentável para todos.

A gestão inadequada de resíduos sólidos é um problema que pode gerar graves consequências para a sociedade e para o meio ambiente. A falta de um sistema de gestão de resíduos eficiente pode levar à contaminação do solo, da água e do ar, além de afetar a saúde da população e a biodiversidade do planeta. Conflitos sociais, como disputas por áreas de disposição de lixo, também podem surgir devido à má gestão de resíduos. Por isso, é importante buscar soluções para a gestão adequada desses resíduos, a fim de minimizar seus impactos negativos e promover a sustentabilidade socioambiental.

A disposição inadequada de resíduos sólidos é um problema que pode trazer graves consequências para a saúde humana e o meio ambiente. A falta de uma gestão adequada dos resíduos pode gerar a contaminação do solo, da água e do ar, além da proliferação de doenças e da perda de biodiversidade. A formação de lixões a céu aberto é uma das consequências da má gestão de resíduos sólidos, que podem atrair animais e insetos transmissores de doenças, e gerar impactos negativos estéticos e ambientais.

A disposição inadequada de resíduos sólidos pode gerar impactos negativos em diversos aspectos da sociedade, indo além do meio ambiente. A má gestão de resíduos pode acarretar em custos elevados para o município e prejudicar a imagem da administração pública, tendo em vista que o acúmulo de lixo em locais inapropriados pode gerar uma sensação de abandono e descaso. Além disso, a falta de uma gestão adequada de resíduos pode gerar conflitos políticos entre diferentes esferas de governo, uma vez que cada uma delas tem suas atribuições e competências na gestão de resíduos.

Diante desse cenário, é fundamental que a sociedade e os governos atuem de forma integrada na gestão dos resíduos sólidos. É necessário que sejam implementadas políticas públicas efetivas para a coleta seletiva, a reciclagem e o tratamento adequado dos resíduos. Além disso, é fundamental a conscientização da população sobre a importância da gestão adequada dos resíduos e a mudança de hábitos em relação ao consumo e ao descarte de materiais.

Este artigo tem como objetivo apresentar os impactos socioambientais da disposição inadequada de resíduos sólidos e possíveis soluções para a gestão adequada desses resíduos. Serão abordadas as consequências da disposição inadequada de resíduos para a saúde pública, a biodiversidade e o meio ambiente. Além disso, serão apresentadas soluções para a gestão adequada de resíduos sólidos, como a reciclagem, a coleta seletiva e a compostagem, bem como a importância da participação da população e da adoção de políticas públicas eficientes para a resolução desse problema. Espera-se que este artigo contribua para a conscientização e adoção de práticas sustentáveis na gestão de resíduos sólidos.

DEFINIÇÕES DE RESÍDUOS SÓLIDOS

Os resíduos sólidos são definidos como qualquer material descartado ou abandonado, resultante de atividades humanas ou gerado pela natureza em áreas urbanas ou rurais. São classificados em diversas categorias, como resíduos domiciliares, resíduos industriais, resíduos de serviços de saúde, resíduos da construção civil, entre outros. A composição dos resíduos pode variar de acordo com a fonte geradora, podendo ser orgânica, inorgânica, reciclável ou não reciclável.

> Resíduos nos estados sólido e semissólido, que resultam de atividades de origem industrial, doméstica, hospitalar, comercial, agrícola, de serviços e de varrição. Ficam incluídos nesta definição os lodos provenientes de sistemas de tratamento de água, aqueles gerados em equipamentos e instalações de controle de poluição, bem como determinados líquidos cujas particularidades tornem inviável o seu lançamento na rede pública de esgotos ou corpos de água, ou exijam para isso soluções técnica e economicamente inviáveis em face à melhor tecnologia disponível (ABNT 10.004/2004, 2004, p.01).

O gerenciamento adequado dos resíduos sólidos é fundamental para minimizar os impactos negativos na saúde humana e no meio ambiente. O gerenciamento envolve diversas etapas, como a coleta, o transporte, o tratamento e a disposição final dos resíduos. Cada etapa exige cuidados específicos para garantir a eficácia do processo e a preservação ambiental. A gestão integrada de resíduos sólidos visa a uma abordagem sustentável, que englobe ações para reduzir a geração de resíduos, reutilizar e reciclar materiais, além de promover a educação ambiental da população.

Existem diferentes tipos de resíduos, cada um com suas particularidades e formas específicas de tratamento. Neste texto, serão abordados os principais tipos de resíduos e suas características, podemos citar:

Resíduos orgânicos: são aqueles de origem biológica, como restos de alimentos, folhas, galhos e animais mortos. Esses materiais podem ser compostados, transformando-se em adubo orgânico para uso na agricultura e jardinagem, ou tratados em biodigestores, produzindo biogás.

Resíduos recicláveis: são os materiais que podem ser reutilizados, como papel, plástico, metal e vidro. A reciclagem desses materiais contribui para a redução da extração de recursos naturais e para a diminuição do volume de resíduos destinados a aterros sanitários.

Resíduos hospitalares: são os gerados em serviços de saúde, como hospitais, clínicas e consultórios. Esses materiais podem conter agentes patogênicos e substâncias químicas perigosas, e devem ser tratados de forma específica para evitar a contaminação de pessoas e do meio ambiente.

Resíduos radioativos: são materiais que emitem radiação e podem ser perigosos para a saúde humana e o meio ambiente. Esses resíduos são gerados em atividades como a produção de energia nuclear e a radioterapia, e exigem um tratamento especializado para o seu armazenamento e descarte.

Resíduos de construção civil: são gerados em obras de construção, reforma e demolição, como concreto, tijolos, telhas, madeiras e metais. Esses materiais podem ser reciclados ou reutilizados em novas obras, reduzindo a extração de recursos naturais e o volume de resíduos destinados a aterros sanitários.

Resíduos perigosos: são aqueles que apresentam riscos à saúde e ao meio ambiente, como produtos químicos, baterias, pilhas, lâmpadas fluorescentes, entre outros. Esses materiais devem ser descartados em locais específicos e tratados de forma adequada para evitar danos à saúde humana e ao meio ambiente.

Resíduos eletrônicos: são gerados pela obsolescência de equipamentos eletrônicos, como celulares, computadores, televisores, entre outros. Esses materiais podem conter substâncias tóxicas, como chumbo e mercúrio, e devem ser reciclados de forma adequada para evitar a contaminação do meio ambiente e a exposição de trabalhadores a substâncias perigosas.

Resíduos sólidos urbanos: são os resíduos gerados nas atividades cotidianas das cidades, como embalagens, restos de alimentos, papel higiênico, entre outros. Esses materiais são coletados pelos serviços de limpeza pública e destinados a aterros sanitários ou a processos de reciclagem.

A GESTÃO DOS RESÍDUOS SÓLIDOS

A gestão de resíduos sólidos é um desafio enfrentado por muitos países em todo o mundo. O gerenciamento inadequado desses resíduos pode causar sérios problemas ambientais, sociais e econômicos, incluindo poluição do solo, água e ar, disseminação de doenças, perda de recursos e impactos negativos na qualidade de vida das comunidades.

Um dos principais desafios na gestão de resíduos sólidos é a falta de infraestrutura adequada para a coleta, transporte, tratamento e disposição final desses materiais. Muitas comunidades, principalmente as de baixa renda, não têm acesso a serviços básicos de coleta de resíduos, o que pode levar à acumulação de lixo nas ruas e em áreas verdes, causando impactos negativos na saúde pública e no meio ambiente.

Além disso, a falta de infraestrutura de tratamento de resíduos sólidos pode levar à deposição inadequada em lixões ou aterros sanitários precários, aumentando o risco de contaminação do solo e da água, bem como a emissão de gases de efeito estufa e poluentes atmosféricos.

Outro desafio na gestão de resíduos sólidos é a conscientização e a participação da população. Muitas pessoas não têm o hábito de separar seus resíduos em materiais recicláveis e não recicláveis, o que dificulta o processo de reciclagem e pode levar à contaminação de materiais recicláveis. Além disso, a falta de informação sobre os riscos e os impactos do mau gerenciamento de resíduos pode levar à falta de conscientização sobre a importância do descarte correto desses materiais.

Outro desafio é a falta de regulamentação e fiscalização adequadas. Muitos países não possuem leis claras sobre a gestão de resíduos sólidos, ou a aplicação dessas leis é insuficiente para garantir o cumprimento das normas de gestão de resíduos. A falta de fiscalização pode levar a práticas inadequadas de tratamento e disposição final de resíduos, aumentando os riscos ambientais e sociais.

Além disso, a gestão de resíduos sólidos apresenta desafios financeiros. A construção e a operação de infraestrutura de gestão de resíduos podem ser caras, especialmente em áreas remotas ou em comunidades de baixa renda. A falta de recursos financeiros pode levar à falta de investimento em infraestrutura de gestão de resíduos, aumentando os riscos ambientais e sociais.

Outro desafio na gestão de resíduos sólidos é a falta de tecnologias adequadas. A gestão de resíduos sólidos envolve uma variedade de tecnologias para coleta, transporte, tratamento e disposição final. No entanto, muitos países não possuem acesso a tecnologias modernas e eficientes de gestão de resíduos, o que pode levar a práticas inadequadas e ineficientes de gerenciamento de resíduos.

Além disso, a gestão de resíduos sólidos também é afetada pela falta de cooperação entre os governos locais e estaduais, bem como entre os setores público e privado. A coordenação entre esses atores é fundamental para garantir a efetividade da gestão de resíduos, incluindo o planejamento adequado, a implementação e a manutenção de infraestrutura de gestão de resíduos.

A gestão de resíduos sólidos também enfrenta o desafio de lidar com a produção crescente de resíduos, especialmente em países em desenvolvimento. A urbanização rápida e o crescimento econômico podem levar a um aumento na geração de resíduos, o que exige soluções sustentáveis e inovadoras para gerenciar esses materiais.

DISPOSIÇÃO INADEQUADA DE RESÍDUOS: IMPACTOS SOCIOAMBIENTAIS

A disposição inadequada de resíduos é um grande problema de saúde pública em todo o mundo. Quando o lixo não é tratado e descartado de maneira adequada, pode acumular água parada, atrair insetos e roedores, bem como emitir odores desagradáveis. Essas condições são ideais para a proliferação de doenças infecciosas e parasitárias que podem afetar seriamente a saúde das pessoas.

Entre as doenças que podem ser transmitidas por meio da disposição inadequada de resíduos, destacam-se a dengue, zika, chikungunya e diarreia. A dengue, por exemplo, é transmitida pelo mosquito Aedes aegypti, que se reproduz em água parada e limpa. Quando há acúmulo de lixo em terrenos baldios, por exemplo, a água da chuva pode ficar retida em recipientes ou em poças, tornando-se um criadouro para o mosquito.

Da mesma forma, a zika e a chikungunya também são transmitidas pelo mosquito Aedes aegypti, e a presença de lixo e entulho pode aumentar significativamente a proliferação desses vetores. Já a diarreia é uma doença causada por bactérias, vírus ou parasitas presentes nas fezes humanas. Quando o lixo é deixado exposto e sem tratamento adequado, pode contaminar o solo e a água, favorecendo a propagação desses microrganismos.

Além disso, a disposição inadequada de resíduos também pode afetar a saúde mental e emocional das pessoas que vivem nas áreas afetadas. O lixo acumulado pode causar estresse e ansiedade, afetando negativamente a qualidade de vida dos moradores e prejudicando a relação com a comunidade.

Para lidar com esses problemas de saúde pública, é necessário adotar medidas eficazes de gestão de resíduos. Isso inclui a coleta regular de lixo, o tratamento e a disposição final adequada dos resíduos. Além disso, é importante promover a conscientização da população sobre a importância de descartar corretamente os resíduos, evitar o acúmulo de lixo em locais impróprios e manter os espaços públicos limpos.

A disposição inadequada de resíduos é um problema que pode levar à contaminação do solo e dos recursos hídricos, gerando sérios problemas ambientais e de saúde pública. Quando o lixo não é descartado de forma correta e segura, pode acabar se infiltrando no solo, contaminando-o com substâncias tóxicas e prejudicando sua capacidade de suporte de vida.

Além disso, a contaminação do solo pode afetar a qualidade dos recursos hídricos, já que muitas substâncias tóxicas presentes nos resíduos podem se dissolver na água e chegar aos rios, lagos e aquíferos. Esse problema pode ser ainda mais grave em regiões onde os recursos hídricos são escassos, pois pode levar à perda de fontes de água potável e comprometer a saúde das pessoas que dependem desses recursos.

Outra questão relevante é a poluição do ar causada pela disposição inadequada de resíduos, especialmente quando o lixo é queimado a céu aberto. Esse tipo de prática libera gases tóxicos, como dióxido de carbono, óxido de nitrogênio, metano, entre outros, que contribuem para o aquecimento global e podem prejudicar a saúde respiratória das pessoas que vivem nas proximidades.

Para evitar a contaminação do solo e dos recursos hídricos, é necessário adotar medidas eficazes de gestão de resíduos, incluindo a coleta, tratamento e disposição final adequada dos resíduos. O uso de técnicas adequadas de tratamento, como a compostagem e a reciclagem, pode ajudar a reduzir a quantidade de resíduos que precisam ser descartados em aterros sanitários, diminuindo o risco de contaminação do solo e dos recursos hídricos.

Além disso, é importante que haja uma fiscalização rigorosa para garantir que os resíduos sejam tratados e descartados de maneira adequada, evitando a contaminação do ambiente. A população também pode contribuir para a prevenção da contaminação do solo e dos recursos hídricos por meio da conscientização e do descarte correto dos resíduos, evitando jogar lixo em locais impróprios.

A poluição atmosférica é um dos principais problemas ambientais em todo o mundo, e a queima de resíduos sólidos é uma das fontes de emissão de poluentes na atmosfera. Quando o lixo é queimado a céu aberto, ou em incineradores que não possuem os sistemas de filtragem adequados, há a liberação de gases tóxicos que podem prejudicar a qualidade do ar e causar danos à saúde humana.

Entre os principais poluentes emitidos durante a queima de resíduos sólidos estão o dióxido de carbono, o monóxido de carbono, o dióxido de enxofre, o óxido de nitrogênio e partículas finas. Esses poluentes podem causar uma série de problemas respiratórios, incluindo asma, bronquite, enfisema e câncer de pulmão. Além disso, a exposição a longo prazo a altos níveis de poluição do ar pode levar a doenças cardiovasculares e neurodegenerativas, como o Alzheimer.

A poluição atmosférica causada pela queima de resíduos sólidos também pode afetar a qualidade de vida das pessoas que vivem nas proximidades dos locais de disposição inadequada de lixo. Além dos problemas de saúde, a poluição do ar pode causar mau cheiro, interferir na visibilidade e afetar a fauna e a flora local.

Para evitar a poluição atmosférica causada pela queima de resíduos sólidos, é fundamental adotar medidas eficazes de gestão de resíduos. Isso inclui a coleta seletiva, o tratamento adequado dos resíduos, a reciclagem e a compostagem, que podem reduzir a quantidade de resíduos que precisam ser queimados ou descartados em aterros sanitários.

Além disso, é importante que os incineradores de resíduos sejam equipados com sistemas de filtragem adequados, para minimizar a emissão de poluentes na atmosfera. Esses sistemas devem ser capazes de remover os gases tóxicos e as partículas finas da fumaça produzida pela queima de resíduos, antes que ela seja liberada na atmosfera.

A disposição inadequada de resíduos pode gerar impactos negativos na fauna e flora local, prejudicando a biodiversidade e o equilíbrio ambiental. Os resíduos descartados incorretamente em áreas naturais, como matas e rios, podem afetar a qualidade do solo e da água, e consequentemente, a sobrevivência das espécies que dependem desses recursos.

A contaminação do solo e dos recursos hídricos por resíduos pode afetar a cadeia alimentar, uma vez que muitas espécies se alimentam de plantas e animais que foram expostos aos poluentes. Além disso, os resíduos acumulados em ambientes naturais podem atrair vetores de doenças, como mosquitos e ratos, que podem transmitir doenças aos animais que vivem na área.

A flora também pode ser afetada pela disposição inadequada de resíduos. Os resíduos jogados em áreas verdes podem sufocar as plantas, impedindo o seu crescimento e reprodução. Além disso, a decomposição do lixo pode liberar gases tóxicos e substâncias químicas que afetam a saúde das plantas e a qualidade do solo.

Os impactos negativos na fauna e flora podem afetar a biodiversidade local, reduzindo a quantidade e a diversidade de espécies presentes na área. Isso pode levar a alterações significativas no ecossistema, afetando os serviços ecossistêmicos, como a polinização, o controle de pragas e a produção de alimentos.

Para evitar os impactos negativos na fauna e flora causados pela disposição inadequada de resíduos, é fundamental adotar medidas de gestão de resíduos eficazes. Isso inclui a coleta seletiva, a reciclagem, a compostagem e a disposição final adequada dos resíduos em aterros sanitários, que possuem sistemas de impermeabilização e tratamento de gases para minimizar os impactos no meio ambiente.

Além disso, é importante promover a educação ambiental e conscientização da população sobre a importância da gestão correta de resíduos. A participação da comunidade é fundamental para garantir que os resíduos sejam descartados corretamente e para evitar a disposição inadequada em áreas naturais.

SOLUÇÕES PARA A GESTÃO ADEQUADA DE RESÍDUOS SÓLIDOS

A gestão sustentável de resíduos é um conjunto de práticas e ações que visam reduzir os impactos ambientais causados pelo descarte inadequado de resíduos. Essa gestão é fundamental para garantir a preservação do meio ambiente e a qualidade de vida da população, uma vez que o descarte inadequado de resíduos pode gerar diversos problemas ambientais e de saúde pública.

Os princípios da gestão sustentável de resíduos envolvem a redução, reutilização, reciclagem e disposição final adequada dos resíduos. A redução de resíduos é o primeiro passo para uma gestão sustentável, pois evita a geração desnecessária de resíduos. Isso pode ser feito por meio de medidas como a escolha de produtos com menos embalagens, a adoção de práticas de consumo consciente e a implementação de políticas de redução de resíduos em empresas e instituições.

A reutilização de resíduos é outra prática importante da gestão sustentável, que consiste em utilizar novamente os resíduos gerados, seja por meio da reparação ou reforma de objetos, ou pela utilização de resíduos como matéria-prima para outros produtos. Essa prática contribui para a redução da quantidade de resíduos gerados, além de economizar recursos naturais e energéticos.

A reciclagem é uma das práticas mais conhecidas da gestão sustentável de resíduos, e consiste na transformação dos resíduos em novos produtos. Essa prática é fundamental para reduzir a quantidade de resíduos destinados aos aterros sanitários, além de economizar recursos naturais e energéticos. A reciclagem pode ser feita por meio da coleta seletiva, que separa os resíduos por tipo de material e encaminha para a reciclagem.

Por fim, a disposição final adequada dos resíduos é fundamental para evitar os impactos negativos no meio ambiente e na saúde pública. A disposição final adequada inclui a destinação dos resíduos para aterros sanitários, que possuem sistemas de impermeabilização e tratamento de gases para minimizar os impactos ambientais. Além disso, a disposição final adequada inclui a destinação correta de resíduos perigosos, que podem causar danos graves ao meio ambiente e à saúde humana.

A gestão adequada de resíduos sólidos é uma questão de saúde pública e meio ambiente, que requer a implementação de políticas públicas eficazes. A gestão de resíduos sólidos é uma responsabilidade compartilhada entre os governos, a indústria e a sociedade, e requer a cooperação e ação conjunta desses setores para ser efetiva.

As políticas públicas para a gestão de resíduos sólidos podem incluir medidas para reduzir a geração de resíduos, incentivar a reutilização e a reciclagem, melhorar a coleta seletiva e a destinação final adequada dos resíduos. Algumas dessas políticas públicas incluem:

Implementação de legislações e regulamentações para a gestão de resíduos sólidos, que definem padrões de qualidade para a gestão de resíduos e estabelecem responsabilidades para os geradores de resíduos, empresas e governos;

Estímulo à coleta seletiva, por meio da criação de programas de coleta seletiva em áreas urbanas e rurais, com a separação dos resíduos em diferentes categorias e encaminhamento adequado para a reciclagem;

Estabelecimento de metas de redução de resíduos, com a definição de objetivos a serem alcançados em curto, médio e longo prazo para a redução da geração de resíduos;

Estímulo à reciclagem, por meio da criação de programas de incentivo para empresas que reciclam seus resíduos, a criação de políticas de compras sustentáveis por parte do governo e a criação de campanhas de conscientização para incentivar a reciclagem;

Implementação de políticas de responsabilidade compartilhada, com a definição de responsabilidades para os diferentes setores envolvidos na gestão de resíduos sólidos, incluindo geradores, empresas e governos;

Investimento em tecnologias e infraestrutura para a gestão de resíduos, com a criação de aterros sanitários, usinas de reciclagem, tratamento de resíduos perigosos e outras iniciativas que melhorem a gestão de resíduos;

Fortalecimento de políticas de educação ambiental, com a criação de programas de conscientização para a população, empresas e governos sobre a importância da gestão sustentável de resíduos.

É importante ressaltar que a implementação de políticas públicas efetivas para a gestão de resíduos sólidos requer uma abordagem integrada, que considere ações em diferentes áreas, como a educação ambiental, a infraestrutura, a legislação e a tecnologia. Além disso, a participação da sociedade é fundamental para o sucesso dessas políticas públicas, uma vez que ela é a principal geradora de resíduos e deve ser conscientizada sobre a importância da gestão sustentável de resíduos.

CONSIDERAÇÕES FINAIS

Após estudar os efeitos socioambientais do descarte inadequado de resíduos, fica claro que este é um problema grave que afeta pessoas globalmente. Tal descarte leva à contaminação do solo e recursos hídricos, prejudicando a qualidade do ar e da água, e impactando a saúde pública com doenças como dengue, zika, chikungunya e diarreia. A poluição atmosférica resultante, incluindo a emissão de gases tóxicos de queimas de resíduos, contribui para o aquecimento global e mudanças climáticas, além de afetar a saúde respiratória.

A fauna e flora locais também sofrem, com habitats naturais reduzidos e poluição em rios, lagos e oceanos afetando a vida marinha e a biodiversidade.

Soluções existem, focando na gestão sustentável de resíduos, que inclui redução, reutilização, reciclagem e disposição adequada. Políticas públicas são fundamentais para promover a correta gestão de resíduos, protegendo o meio ambiente e a saúde pública. Práticas como coleta seletiva e conscientização sobre consumo responsável e separação de resíduos são essenciais.

REFERÊNCIAS BIBLIOGRÁFICAS

ABNT (ASSOCIAÇÃO BRASILEIRA DE NORMAS TÉCNICAS). Resíduos Sólidos: classificação, NBR 10.004. Rio de Janeiro, 2004.

Brasil. Presidência da República. Lei nº 12.305, de 2 de agosto de 2010. Disponível em: http://www.planalto.gov.br/ccivil_03/_ato2007-2010/20 10/lei/l12305.htm. Acesso em: 8 out. 2023.

Brasil. Presidência da República. Lei nº 14.026, de 15 de julho de 2020. Disponível em: https://www.planalto.gov.br/ccivil_03/_ato2019-2022/2 020/lei/l14026.htm. Acesso em: 8 out. 2023.

8

RECUPERAÇÃO AMBIENTAL DE ÁREAS DEGRADADAS E CONTAMINADAS: ESTRATÉGIAS, DESAFIOS E PERSPECTIVAS FUTURAS

DOI:

Trabalho apresentado como exigência para conclusão do Curso de Pós Graduação em Recuperação Ambiental de Áreas Degradadas e Contaminadas pela Faculdade Iguaçu.

RESUMO

Restaurar áreas ambientais danificadas é crucial para proteger a natureza e melhorar a vida das pessoas. Este estudo examinou métodos para limpar e recuperar solos e águas, enfrentando desafios como custos e eficiência. Discutimos o uso de soluções naturais, tecnologias novas, envolvimento da comunidade, adaptação às mudanças climáticas e práticas que beneficiam o meio ambiente e a economia. Essa recuperação ajuda a natureza, limpa o ar e a água, e traz benefícios sociais e econômicos. Governos, organizações e comunidades precisam trabalhar juntos para um futuro mais verde e sustentável.

Palavras-chaves: Recuperação ambiental, Áreas Degradadas, Áreas Contaminadas.

ABSTRACT

Restoring damaged environmental areas is crucial for protecting nature and improving people's lives. This study examined methods for cleaning and restoring soils and waters, tackling challenges like cost and efficiency. We discussed the use of natural solutions, new technologies, community involvement, adaptation to climate changes, and practices that benefit both the environment and the economy. This restoration not only helps nature but also cleans the air and water, and brings social and economic benefits. Governments, organizations, and communities need to work together for a greener, more sustainable future.

Keywords: Environmental Recovery, Degraded Areas, Contaminated Areas.

INTRODUÇÃO

A degradação ambiental causada por atividades humanas, como a exploração desenfreada dos recursos naturais e a poluição decorrente da industrialização, tem gerado impactos cada vez mais severos nos ecossistemas. A contaminação do solo, da água e do ar, assim como a perda de habitats naturais, compromete a biodiversidade e afetam a saúde e o bem-estar das comunidades. Diante desse contexto alarmante, a recuperação ambiental de áreas degradadas e contaminadas torna-se uma necessidade premente, visando reverter os danos causados e restaurar a funcionalidade dos ecossistemas.

A degradação ambiental é um problema de grande escala e complexidade, decorrente das múltiplas atividades humanas que impactam negativamente os ecossistemas. O desmatamento desenfreado, a expansão da agricultura intensiva, a urbanização acelerada e a exploração irresponsável dos recursos naturais são apenas alguns dos fatores que contribuem para a degradação. Essas ações resultam em consequências devastadoras, como a erosão do solo, a poluição atmosférica, a contaminação da água e a perda de habitats naturais, comprometendo a saúde dos ecossistemas e a qualidade de vida das comunidades.

Nesse contexto, a recuperação ambiental surge como uma abordagem essencial para reverter os impactos negativos causados por essas atividades e restaurar a integridade dos ecossistemas degradados. A recuperação ambiental envolve a implementação de estratégias e práticas que visam restabelecer as condições naturais das áreas afetadas. Isso implica na reconstrução da biodiversidade, no melhoramento da qualidade do solo e da água, na promoção de processos ecológicos saudáveis e na reintegração dessas áreas ao contexto maior da paisagem, considerando as atividades humanas de forma sustentável.

> A recuperação ambiental é um processo de intervenção em áreas degradadas com o objetivo de restaurar suas funções ecológicas e sociais. É uma atividade complexa que envolve diferentes disciplinas científicas e profissionais, e que deve ser realizada de forma integrada, considerando as características específicas de cada área degradada. (Araújo & Pereira, 2017, p. 2)

A recuperação ambiental não se limita apenas à reparação física das áreas degradadas, mas também busca restabelecer a integridade ecológica, promovendo a recolonização por espécies nativas, a melhoria da qualidade do solo e da água, e a revitalização dos processos biogeoquímicos essenciais. Além dos benefícios ambientais, a recuperação ambiental também contribui para o desenvolvimento sustentável, abrindo oportunidades para a conservação da biodiversidade, o uso consciente dos recursos naturais e a geração de empregos relacionados a atividades sustentáveis. Nesse contexto, é essencial explorar estratégias eficazes, enfrentar os desafios técnicos e socioeconômicos envolvidos, e compartilhar conhecimentos e melhores práticas para avançar na recuperação ambiental de áreas degradadas e contaminadas.

Além dos benefícios ambientais evidentes, a recuperação ambiental apresenta implicações socioeconômicas importantes. Áreas recuperadas têm o potencial de gerar oportunidades de emprego e renda por meio do desenvolvimento de atividades sustentáveis. O ecoturismo, por exemplo, pode prosperar em áreas recuperadas, atraindo visitantes interessados em explorar a biodiversidade restaurada e desfrutar de ambientes naturais preservados. Além disso, práticas agrícolas orgânicas e a conservação da biodiversidade podem ser incentivadas, trazendo benefícios econômicos para as comunidades locais e contribuindo para a construção de uma sociedade mais sustentável.

Dessa forma, a recuperação ambiental de áreas degradadas e contaminadas assume um papel fundamental na busca pela sustentabilidade ambiental e no enfrentamento dos desafios globais. A compreensão dos processos de degradação, o desenvolvimento de técnicas de recuperação eficazes e a conscientização sobre a importância da preservação ambiental são passos essenciais para garantir um futuro mais equilibrado e saudável para o nosso planeta e para as gerações futuras.

A recuperação ambiental de áreas degradadas é o processo de restauração da estrutura e função dos ecossistemas que foram danificados ou destruídos por atividades humanas. A recuperação pode ser realizada através de uma variedade de métodos, tais como revegetação, remediação de solos contaminados e controle da erosão. A recuperação ambiental é uma atividade importante para a preservação da biodiversidade, a melhoria da qualidade do ar e da água, e o desenvolvimento sustentável. (José Vicente Tavares dos

Santos, 2011).

A recuperação de áreas degradadas é um processo complexo que exige a integração de conhecimentos de diferentes áreas, como ecologia, engenharia, geologia e economia. A recuperação deve ser planejada de forma a atender às necessidades específicas do local e deve ser monitorada para garantir a sua eficácia. (Maria Luiza Machado de Oliveira, 2008).

O objetivo deste estudo é examinar e explorar as estratégias de recuperação ambiental utilizadas em áreas degradadas e contaminadas, considerando os desafios e as limitações enfrentadas nesse processo. Pretendemos analisar as diferentes abordagens e técnicas de remediação do solo, bem como as estratégias adotadas para a recuperação de ecossistemas aquáticos. Além disso, buscaremos compreender os aspectos técnicos, sociais, políticos e legais que influenciam a eficácia da recuperação ambiental. Por fim, examinaremos estudos de caso relevantes que demonstram a aplicação bem-sucedida dessas estratégias, destacando seus resultados e impactos na restauração dos ecossistemas.

PROCESSOS DE DEGRADAÇÃO AMBIENTAL E CONTAMINAÇÃO

A poluição do solo é um dos principais problemas ambientais enfrentados atualmente. Ela ocorre quando substâncias tóxicas, como produtos químicos, metais pesados e resíduos industriais, são depositadas no solo de forma inadequada, comprometendo sua qualidade e funcionalidade. A poluição do solo pode ter origem em diversas fontes, como atividades industriais, práticas agrícolas intensivas, descarte inadequado de resíduos sólidos e vazamentos de substâncias contaminantes.

A contaminação do solo é um problema sério que pode ter um impacto negativo na saúde humana, no meio ambiente e na economia. Existem várias fontes de contaminação do solo, incluindo atividades industriais, práticas agrícolas e escoamento urbano. Os contaminantes podem entrar no solo pelo ar, água e resíduos sólidos. Uma vez no solo, os contaminantes podem persistir por longos períodos de tempo e podem ser prejudiciais a plantas, animais e humanos. (Adriano, D. C. 2005).

Os impactos da poluição do solo são significativos e afetam tanto o meio ambiente quanto a saúde humana. O solo contaminado pode comprometer a biodiversidade, pois muitas espécies não conseguem sobreviver em condições de contaminação. Além disso, a poluição do solo pode contaminar lençóis freáticos e corpos d'água, comprometendo a disponibilidade de água potável e afetando os ecossistemas aquáticos. Os seres humanos também são diretamente afetados, uma vez que podem ser expostos a substâncias tóxicas presentes no solo contaminado por meio da ingestão de alimentos cultivados em áreas poluídas ou pelo contato direto com o solo contaminado.

Entre as principais estratégias utilizadas para a recuperação de áreas degradadas estão a bioestimulação e a fitorremediação. A bioestimulação consiste em adicionar nutrientes ou outros compostos ao solo para estimular a atividade microbiana natural, que podem degradar os contaminantes. A fitorremediação consiste em utilizar plantas para absorver ou degradar os poluentes presentes no solo. Essas técnicas podem ser usadas isoladamente ou em conjunto, dependendo do tipo e grau de contaminação, bem como das características do local. (Fernando Vieira de Oliveira, 2006).

A mitigação e prevenção da poluição do solo são fundamentais para preservar a qualidade dos solos e a saúde dos ecossistemas. Isso requer a implementação de práticas sustentáveis, como o uso adequado de produtos químicos, o manejo adequado de resíduos sólidos e a adoção de técnicas agrícolas que reduzam a contaminação por agroquímicos. Além disso, é essencial promover a conscientização e a educação ambiental, para que a sociedade como um todo compreenda a importância da preservação do solo e adote medidas para prevenir a poluição e promover a recuperação de áreas degradadas.

A contaminação da água é outro problema grave que afeta a disponibilidade e a qualidade desse recurso vital. A água é contaminada quando substâncias poluentes, como produtos químicos, resíduos industriais, esgoto e agrotóxicos, são lançados nos corpos d'água sem tratamento adequado. Essa contaminação pode ocorrer por meio de atividades industriais, descarte inadequado de resíduos, práticas agrícolas intensivas, vazamentos de produtos químicos e poluição proveniente de áreas urbanas.

A indústria é uma das principais fontes de poluição das águas superficiais no Brasil. As atividades industriais podem liberar uma variedade de poluentes na água, incluindo metais pesados, produtos químicos e óleos. Esses poluentes podem ter um impacto negativo na saúde humana, na vida selvagem e no meio ambiente. (Araújo, R. P., 2014).

O Brasil é um país com grande disponibilidade de recursos hídricos, mas a qualidade da água em muitos rios, lagos e reservatórios está sendo degradada por uma série de fatores, incluindo atividades industriais, agrícolas e domésticas. A contaminação da água pode ter um impacto negativo na saúde humana, na vida selvagem e no meio ambiente. (Agência Nacional de Águas (ANA), 2017).

Os impactos da contaminação da água são significativos tanto para os ecos-sistemas aquáticos quanto para a saúde humana. A presença de substâncias tóxicas na água pode afetar a fauna e a flora aquáticas, causando desequilíbrios ecológicos e diminuindo a biodiversidade. Além disso, a contaminação da água compromete sua potabilidade, tornando-a inadequada para consumo humano e afetando a saúde das pessoas que dependem dessas fontes de água contaminada.

A recuperação da água contaminada é um desafio complexo, mas existem diversas técnicas de tratamento disponíveis. Os processos de tratamento convencionais, como a filtração e a desinfecção, são utilizados para remover partículas suspensas e microorganismos patogênicos. Além disso, tecnologias avançadas, como a osmose reversa e a ativação de carbono, são aplicadas para remover contaminantes químicos. No entanto, é fundamental que a prevenção seja a principal estratégia para evitar a contaminação da água, por meio do controle e da redução do uso de produtos químicos prejudiciais, do tratamento adequado do esgoto e da implementação de práticas agrícolas sustentáveis.

A conscientização sobre a importância da água limpa e sua conservação é essencial para a prevenção da contaminação. Educar a população sobre práticas de uso responsável da água, incentivar a redução do uso de produtos químicos e promover a gestão adequada de resíduos são medidas importantes para minimizar a contaminação e preservar a qualidade dos recursos hídricos. Além disso, a implementação de políticas e regulamentações ambientais rigorosas, juntamente com a cooperação entre os setores público e privado, é fundamental para garantir a proteção e a recuperação dos corpos d'água contaminados, assegurando o acesso a água potável de qualidade para as gerações presentes e futuras.

METODOLOGIAS DE RECUPERAÇÃO AMBIENTAL

A recuperação ambiental de áreas degradadas e contaminadas é uma tarefa complexa que requer a aplicação de metodologias adequadas para restaurar os ecossistemas afetados. Existem diferentes abordagens e técnicas disponíveis, dependendo das características da área degradada, dos objetivos da recuperação e dos recursos disponíveis. Neste sentido, algumas metodologias comumente utilizadas na recuperação ambiental incluem a recuperação passiva, a recuperação ativa e a recuperação integrada.

A recuperação passiva é baseada na observação dos processos naturais de regeneração e sucessão ecológica, permitindo que a área se recupere por si só ao longo do tempo. Essa abordagem pode ser adequada em situações em que os processos naturais são capazes de restaurar o ecossistema degradado de forma eficaz. No entanto, é importante monitorar a área e, se necessário, fornecer intervenções adicionais para acelerar a recuperação.

A recuperação ativa envolve a aplicação de medidas humanas diretas para promover a recuperação do ecossistema degradado. Isso pode incluir a revegetação com espécies nativas, a reintrodução de animais, a remoção de espécies invasoras, a construção de estruturas de controle de erosão e a reabilitação de habitats aquáticos. A recuperação ativa é especialmente relevante em áreas com degradação severa ou onde os processos naturais de recuperação são limitados.

Já a recuperação integrada combina abordagens passivas e ativas, buscando otimizar os benefícios ecológicos e socioeconômicos da recuperação. Essa abordagem considera os aspectos biológicos, físicos e sociais do ambiente degradado, envolvendo a participação da comunidade local, de especialistas multidisciplinares e de partes interessadas. A recuperação integrada também visa a criar paisagens sustentáveis e resilientes, considerando as mudanças climáticas e promovendo a conservação da biodiversidade.

Além dessas metodologias, é importante ressaltar a importância do monitoramento contínuo da área recuperada. O acompanhamento regular permite avaliar a eficácia das medidas adotadas, identificar eventuais desafios e ajustar as estratégias de recuperação, se necessário. Também é fundamental realizar pesquisas científicas para melhorar o conhecimento sobre os processos de recuperação e desenvolver abordagens mais eficazes e sustentáveis.

TÉCNICAS DE REMEDIAÇÃO DO SOLO

As técnicas de remediação do solo são amplamente utilizadas para tratar áreas contaminadas e restaurar sua qualidade e funcionalidade. Essas técnicas visam remover, degradar ou isolar os contaminantes presentes no solo, permitindo a recuperação do ambiente afetado. Dentre as principais técnicas de remediação do solo, destacam-se:

1. **REMOÇÃO FÍSICA:** A remoção física é uma técnica amplamente utilizada na remediação de solos contaminados. Consiste na retirada dos solos contaminados do local afetado e seu transporte para áreas apropriadas para tratamento ou disposição final. Essa remoção pode ser realizada de diferentes maneiras, como escavação manual ou mecanizada, dragagem de solos contaminados por água ou até mesmo a remoção de camadas superficiais do solo. Se torna especialmente eficaz quando os contaminantes estão concentrados em uma camada específica do solo e podem ser facilmente acessíveis.

2. **BIORREMEDIAÇÃO:** A biorremediação é uma técnica promissora na recuperação ambiental de áreas contaminadas. Essa abordagem utiliza microorganismos, como bactérias, fungos e algas, para degradar ou transformar os contaminantes presentes no solo ou na água em substâncias menos tóxicas. Os microorganismos podem ser naturalmente presentes no ambiente ou introduzidos de forma controlada para auxiliar no processo de remediação. A biorremediação oferece várias vantagens, como ser uma técnica mais sustentável e economicamente viável em comparação com métodos convencionais de remediação. Além disso, ela pode ser aplicada in situ, o que significa que não é necessário remover o solo contaminado, reduzindo os custos e os impactos ambientais associados ao transporte.

3. FITORREMEDIAÇÃO: A fitorremediação é uma técnica de recuperação ambiental que utiliza plantas para remover, degradar ou estabilizar contaminantes presentes no solo, na água ou no ar. As plantas utilizadas, chamadas de plantas hiperacumuladoras ou plantas fitorremediadoras, possuem a capacidade de absorver e acumular metais pesados, substâncias orgânicas tóxicas e outros poluentes em suas raízes, caules e folhas. Essa técnica se baseia nos processos naturais das plantas, como a fotossíntese e a transpiração, que promovem a extração e a volatilização dos contaminantes, além de estimular a atividade microbiana benéfica no solo.

4. OXIDAÇÃO QUÍMICA: A oxidação química é uma técnica utilizada na remediação de áreas contaminadas que consiste na introdução de agentes oxidantes no solo ou na água para transformar os contaminantes em formas menos tóxicas ou facilmente removíveis. Os agentes oxidantes mais comumente utilizados incluem peróxido de hidrogênio, permanganato de potássio e persulfato de sódio. Essa técnica é eficaz na degradação de contaminantes orgânicos, como hidrocarbonetos, solventes clorados e compostos fenólicos. Os agentes oxidantes reagem com os contaminantes, promovendo reações químicas que resultam na sua oxidação e quebra em produtos mais simples e menos tóxicos.

5. BARREIRAS REATIVAS: As barreiras reativas são estruturas construídas no subsolo para interceptar e tratar a migração de contaminantes presentes em águas subterrâneas. Essa técnica consiste na instalação de materiais reativos, como ferro zerovalente, carvão ativado, zeólitas ou outros meios permeáveis, na área afetada pela contaminação. As barreiras reativas funcionam por meio de processos de sorção, precipitação, redução química ou oxidação, que visam remover ou transformar os contaminantes presentes na água subterrânea. Ao passar através desses materiais reativos, os contaminantes são retidos ou sofrem reações químicas que reduzem sua concentração e toxicidade. Essa técnica é especialmente útil em áreas contaminadas por compostos orgânicos voláteis (VOCs), hidrocarbonetos e metais pesados.

DESAFIOS E LIMITAÇÕES NA RECUPERAÇÃO AMBIENTAL

A restauração ambiental de áreas danificadas enfrenta desafios técnicos significativos, incluindo a complexidade dos ecossistemas, a seleção de técnicas apropriadas, limitações tecnológicas, altos custos financeiros e dificuldades em monitoramento e avaliação. Entender as intrincadas interações ecológicas é essencial, mas replicar exatamente as condições originais é muitas vezes impossível, exigindo metas realistas e abordagens adaptáveis. A escolha das técnicas corretas depende de fatores variados, enquanto as limitações tecnológicas e financeiras podem impedir a implementação eficaz de soluções. Além disso, o monitoramento contínuo é crucial para o sucesso, porém desafiador devido à falta de recursos.

A eficácia da recuperação ambiental e as técnicas de remediação enfrentam vários desafios, incluindo a persistência de contaminantes, a complexidade das interações ambientais, as limitações das técnicas convencionais, e dificuldades na avaliação e monitoramento dos resultados. Contaminantes persistentes são difíceis de remover e podem ter efeitos adversos a baixas concentrações. A complexidade dos ecossistemas exige uma abordagem multidisciplinar para entender e restaurar interações dinâmicas. As técnicas de remediação existentes podem não ser eficazes em todas as situações ou podem ser caras e operacionalmente restritas.

Para superar esses desafios, é necessário investir em pesquisa e desenvolvimento de novas técnicas de remediação, aprimorar abordagens existentes e promover a colaboração entre especialistas, incluindo cientistas, engenheiros e partes interessadas. Um planejamento cuidadoso, com seleção adequada de técnicas e adaptação às características específicas do local contaminado, é essencial. Monitoramento contínuo durante e após a remediação permite avaliar a eficácia das estratégias, identificar desafios e ajustar ações conforme necessário, além de detectar recorrências de contaminação.

É importante considerar a sustentabilidade das técnicas de remediação, avaliando os impactos ambientais, sociais e econômicos e buscando abordagens mais sustentáveis, como a utilização de processos naturais, materiais biodegradáveis e redução do consumo de energia.

Abordagens inovadoras e soluções financeiras viáveis, incluindo mecanismos de financiamento, parcerias público-privadas e incentivos fiscais, são necessárias. Integrar a recuperação ambiental em estratégias de desenvolvimento sustentável e avaliar benefícios econômicos diretos e indiretos, como redução dos custos de saúde, aumento do valor imobiliário e potencial para atividades sustentáveis, é fundamental.

PERSPECTIVAS FUTURAS

A recuperação ambiental está avançando com novas tendências que focam em abordagens mais sustentáveis e integradas. As principais tendências são:

1.**Abordagens Baseadas na Natureza**: Utilização de processos naturais e ecossistemas para restaurar áreas degradadas, como zonas úmidas artificiais para tratamento de águas e plantio de vegetação nativa.

2.**Uso de Tecnologias Inovadoras**: Aplicação de tecnologias emergentes, incluindo biorremediação, nanotecnologia e monitoramento remoto, para uma remediação mais eficiente.

3.**Participação Comunitária**: Inclusão ativa das comunidades locais no planejamento e implementação de projetos, aproveitando seus conhecimentos tradicionais e fortalecendo o vínculo com o meio ambiente.

4.**Adaptação às Mudanças Climáticas**: Integração de medidas de adaptação às mudanças climáticas nos projetos de recuperação, como plantio de espécies resistentes e restauração de ecossistemas costeiros.

5.**Economia Circular e Gestão de Resíduos**: Foco na gestão eficiente de resíduos e valorização de subprodutos, alinhando recuperação ambiental com práticas de economia circular.

Essas tendências destacam a importância de soluções baseadas na natureza, inovação tecnológica, engajamento comunitário, adaptação climática e práticas sustentáveis na recuperação ambiental. Juntas, elas visam melhorar a eficácia, eficiência e sustentabilidade dos projetos de recuperação, promovendo a conservação dos ecossistemas e proteção dos recursos naturais.

CONSIDERAÇÕES FINAIS

O artigo ressaltou a importância vital da recuperação ambiental em áreas degradadas para a saúde dos ecossistemas e a sustentabilidade global. A pesquisa destacou como a degradação e contaminação ambientais, resultantes de atividades humanas, afetam negativamente a biodiversidade e a qualidade dos serviços ecossistêmicos, enfatizando a necessidade de estratégias de restauração eficazes. Foram examinadas técnicas de remediação do solo, recuperação de ecossistemas aquáticos e tendências emergentes, como abordagens baseadas na natureza, inovações tecnológicas, participação comunitária e adaptação às mudanças climáticas.

Apesar dos desafios, identificou-se que a recuperação ambiental é crucial para a restauração dos ecossistemas, proteção da biodiversidade, melhoria da qualidade do ar e da água, redução da contaminação e fomento de práticas econômicas sustentáveis. O estudo concluiu que a recuperação ambiental não apenas beneficia o meio ambiente, mas também melhora a qualidade de vida humana, oferecendo oportunidades de trabalho, lazer e saúde, e contribui para a mitigação das mudanças climáticas.

Assim, a recuperação de áreas degradadas é essencial para a preservação dos ecossistemas e a sustentabilidade, exigindo um esforço colaborativo entre governos, instituições, comunidades e indivíduos para um futuro mais sustentável.

REFERÊNCIAS BIBLIOGRÁFICAS

Araújo, M. C., & Pereira, M. A. (2017). Recuperação de áreas degradadas: uma abordagem integrada. São Paulo: Oficina de Textos.

José Vicente Tavares dos Santos (2011). Recuperação de áreas degradadas: fundamentos e métodos. Brasília, DF: MMA.

Maria Luiza Machado de Oliveira (2008). Recuperação de áreas degradadas: uma abordagem interdisciplinar. Rio de Janeiro, RJ: Guanabara Koogan.

Adriano, D. C. (2005). Soil contamination and remediation. New York: Lewis Publishers.

Araújo, R. P. (2014). Contribuição da indústria para a poluição das águas superficiais no Brasil. Revista Ambiente & Água, 9(1), 134-145.

Agência Nacional de Águas (ANA). (2017). Balanço Nacional das Águas 2016. Brasília, DF: ANA.

9

O PAPEL DA PERÍCIA AMBIENTAL NA RESOLUÇÃO DE CONFLITOS AMBIENTAIS

DOI:

Trabalho apresentado como exigência para conclusão do Curso de Pós Graduação em Auditoria e Perícia Ambiental pelo Instituto Facuminas.

RESUMO:

Este artigo discute o papel da perícia ambiental na resolução de conflitos ambientais, apresentando exemplos de casos em que a perícia foi utilizada com sucesso. Foram analisadas as técnicas e métodos utilizados pela perícia ambiental para solucionar conflitos, bem como as limitações dessa prática e a necessidade de integração com outras áreas de conhecimento, como o direito ambiental e a gestão ambiental. Conclui-se que a perícia ambiental desempenha um papel fundamental na resolução de conflitos ambientais, contribuindo para a tomada de decisões baseadas em evidências científicas e para a busca por soluções mais justas e sustentáveis. As palavras-chaves deste artigo são: perícia ambiental, conflitos ambientais, solução de conflitos, gestão ambiental, direito ambiental.

Palavras chaves: Perícia ambiental, conflitos ambientais, solução;

ABSTRACT:

This article discusses the role of environmental expertise in resolving environmental conflicts, presenting examples of cases where expertise has been successfully used. The techniques and methods used by environmental expertise to resolve conflicts were analyzed, as well as the limitations of this practice and the need for integration with other areas of knowledge, such as environmental law and environmental management. It is concluded that environmental expertise plays a fundamental role in resolving environmental conflicts, contributing to evidence-based decision-making and the pursuit of fair and sustainable solutions. The keywords for this article are: environmental expertise, environmental conflicts, conflict resolution, environmental management, environmental law.

Keywords: Environmental expertise, environmental conflicts, resolution.

INTRODUÇÃO

A Constituição Federal do Brasil de 1988 em seu artigo nº 225 estabelece de maneira clara que todos os cidadãos possuem o direito a um ambiente ecologicamente equilibrado, e prevê que aqueles que causarem danos a esse ambiente estarão sujeitos a penalidades nos âmbitos penal, civil e administrativo.

De acordo com Harris (2004), a medida em que cresceram as atividades econômicas, cresceu também o seu impacto sobre a esfera natural, trazendo novos problemas ecológicos globais ao meio ambiente, revelando a finitude dos recursos.

Esse é um tema de grande importância na atualidade, sendo motivo de preocupação para diversos setores da sociedade, desde organizações governamentais até a população em geral. O desenvolvimento econômico e o bem-estar social muitas vezes vêm em detrimento da preservação do meio ambiente, gerando conflitos ambientais que podem ter graves consequências para as gerações futuras.

Os conflitos ambientais são decorrentes da utilização inadequada dos recursos naturais, bem como das atividades humanas que impactam diretamente o meio ambiente. Esses conflitos podem ocorrer em diferentes contextos, tais como a exploração de recursos naturais, a implantação de empreendimentos industriais em determinada localidade, o uso de agrotóxicos e outros produtos químicos na produção de alimentos, entre outros. É importante destacar que os conflitos ambientais não se limitam apenas à esfera local, mas podem ter impacto em níveis regional e global, comprometendo a sustentabilidade do planeta como um todo.

Nesse contexto, a resolução de conflitos ambientais se torna essencial para garantir um desenvolvimento sustentável e a proteção ambiental. A percepção da sociedade quanto à importância do meio ambiente tem aumentado nos últimos anos, e, como resultado, tem havido uma maior conscientização acerca dos danos ambientais decorrentes das atividades humanas. Além disso, há uma crescente pressão por parte da sociedade para que as empresas e os governos adotem práticas mais sustentáveis.

No entanto, a resolução de conflitos ambientais não é uma tarefa simples, requerendo o envolvimento de diferentes setores da sociedade, bem como a adoção de soluções criativas e efetivas. Nesse sentido, a perícia ambiental tem um papel fundamental na identificação e avaliação dos danos ambientais, bem como na elaboração de medidas de reparação e prevenção.

> Com isso, a Perícia Ambiental tornou-se fundamental na sociedade atual, promovendo assim mudanças significativas devido à interferência do homem, causando um desequilíbrio e desaparecimento de algumas espécies do ecossistema (ALMEIDA; OLIVEIRA; PANNO, 2003)

A perícia ambiental consiste em um conjunto de técnicas e métodos utilizados para a avaliação dos impactos ambientais decorrentes de atividades humanas. Essa avaliação é feita por meio de análises físicas, químicas, biológicas e ambientais, que permitem a identificação de possíveis danos ao meio ambiente e à saúde humana. A partir dessa avaliação, a perícia ambiental pode elaborar laudos técnicos que subsidiem decisões judiciais, bem como auxiliem na definição de medidas preventivas e corretivas para minimizar os danos ambientais.

É importante destacar que a perícia ambiental não é uma atividade isolada, mas requer a integração de diferentes áreas do conhecimento, tais como a biologia, química, geologia, engenharia, entre outras. Além disso, é fundamental que a perícia ambiental sempre seja realizada de forma independente e imparcial, para garantir a confiabilidade dos resultados.

A atuação da perícia ambiental na resolução de conflitos ambientais pode ser exemplificada por diversos casos práticos. Um exemplo disso é a utilização da perícia ambiental na avaliação dos danos decorrentes do rompimento da barragem de Fundão, em Mariana (MG), em 2015. A perícia ambiental foi fundamental para a identificação dos impactos ambientais decorrentes do rompimento da barragem, tais como a contaminação dos rios e a destruição da vegetação local. A partir dessas avaliações, foram definidas medidas de reparação e prevenção, bem como responsabilidades jurídicas e financeiras.

Dessa forma, pode-se perceber que a atuação da perícia ambiental é essencial para a resolução de conflitos ambientais, tendo em vista sua capacidade de identificar os impactos ambientais, avaliar a extensão dos danos e propor medidas para minimizar esses danos. Além disso, a perícia ambiental é um instrumento importante para garantir a responsabilização jurídica e financeira das empresas e indivíduos que causaram os danos ambientais.

Deste modo, é importante destacar que a perícia ambiental não deve ser vista como uma atividade isolada, mas sim como parte de um processo mais amplo de gestão ambiental. A adoção de práticas sustentáveis e a conscientização da sociedade quanto à importância do meio ambiente são fundamentais para a prevenção de conflitos ambientais. Nesse sentido, a perícia ambiental pode ser vista como um instrumento de apoio para a gestão ambiental, contribuindo para o desenvolvimento sustentável e a proteção do meio ambiente.

O presente estudo se norteia em identificar qual é o papel da perícia ambiental na resolução de conflitos ambientais? A resposta a essa questão é essencial para entendermos como a perícia ambiental pode contribuir para a resolução de conflitos ambientais, tendo em vista que os impactos ambientais decorrentes de atividades humanas têm se intensificado nas últimas décadas e gerado conflitos entre diversos atores sociais.

Os conflitos ambientais podem ter consequências graves para o meio ambiente e para a sociedade como um todo, além de gerar prejuízos econômicos para as empresas envolvidas. Nesse sentido, é fundamental entender como a perícia ambiental pode ser utilizada para identificar os impactos ambientais, avaliar a extensão dos danos e propor medidas para minimizar esses danos.

Para tal, abordarei aspectos teóricos sobre perícia ambiental, bem como serão apresentados exemplos de atuação da perícia ambiental na resolução de conflitos ambientais. Além disso, serão discutidas as limitações e os desafios enfrentados pela perícia ambiental no contexto atual, tendo em vista as mudanças no cenário ambiental e a complexidade dos conflitos ambientais.

Espera-se que os resultados deste estudo possam contribuir para o aprimoramento da atuação da perícia ambiental na resolução de conflitos ambientais, bem como para a conscientização da sociedade quanto à importância do meio ambiente e da adoção de práticas sustentáveis.

A PERÍCIA AMBIENTAL

Perícias, de um modo geral, são operações designadas a ministrar esclarecimentos técnicos à Justiça (FIGINI et al., 2003).

A perícia ambiental surge normalmente em decorrência de uma demanda processual e tem como objeto de estudo o meio ambiente dos seus aspectos abióticos, bióticos e socioeconômicos, correlacionado a natureza com as atividades humanas. É um meio de prova utilizado em processos judiciais para determinar a extensão do "dano" ambiental e estimar a indenização. (GONÇALVES, 2010).

Em 1998, com a publicação da Lei n.º 9.605 (Lei de Crimes Ambientais), a legislação ambiental brasileira passou a contar com mais um instrumento para a preservação ambiental através da responsabilização e aplicação de sanções, penais ou administrativas, aos responsáveis pelos, agora considerados, crimes ambientais (MATTEI, 2006).

A perícia ambiental tem um papel fundamental na resolução de conflitos ambientais, sendo responsável por analisar as condições e impactos do meio ambiente em casos que envolvem ações humanas. Ou seja, é essencial para identificar os danos e as responsabilidades em casos de degradação ambiental. Devendo ser realizada por profissionais capacitados e experientes, que possuem conhecimento técnico-científico para elaborar laudos e pareceres precisos.

Isto posto a perícia ambiental é responsável por fornecer informações técnicas que são utilizadas pelos órgãos responsáveis para tomar decisões e solucionar conflitos ambientais. É fundamental que a realização ocorra de maneira imparcial, fundamentada em critérios técnicos e científicos, a fim de preservar a integridade do desfecho final.

> A Perícia trata-se de uma diligência na qual é realizada na maioria das vezes por peritos, com a finalidade de esclarecer, evidenciar ou elucidar fatos que geram dúvidas ou incertezas. Portanto, é uma investigação, com base em exames, verificando a verdade, ou fatos a serem esclarecidos, é necessário que haja pessoas altamente capacitadas e tenham uma habilidade profissional com reconhecida experiência quando na qual a matéria será abordada e idoneidade moral (SILVEIRA, 2006).

> A Perícia é concebida como uma atividade de examinar as coisas e os fatos, reportando sua autenticidade e opinando sobre as causas, essências e efeitos da matéria examinada. Pode haver em qualquer área, sempre onde existir a controvérsia ou a pendência, inclusive em algumas situações empíricas (ASSIS, 2011).

A perícia ambiental utiliza técnicas e métodos específicos para identificar os danos e as responsabilidades em casos de degradação ambiental. Entre as técnicas utilizadas, destacam-se a análise de solo, a análise de água, a análise de ar, a análise de resíduos sólidos e a análise de fauna e flora. Essas técnicas devem ser utilizadas de forma integrada, para fornecer um diagnóstico preciso da situação de cada caso estudado.

Uma abordagem interdisciplinar permite a consideração de fatores sociais, culturais e econômicos que influenciam e são influenciados pelos danos ambientais, assim como a participação de diferentes grupos de interesse na resolução do conflito.

Além disso, a integração da perícia ambiental com a gestão ambiental também é fundamental. A gestão ambiental envolve ações preventivas e corretivas que visam à proteção e conservação do meio ambiente, enquanto a perícia ambiental tem como objetivo a identificação e análise dos danos ambientais. A integração dessas duas áreas pode levar a uma abordagem mais completa e efetiva na resolução de conflitos ambientais, uma vez que a gestão ambiental pode identificar e tratar problemas antes que se tornem conflitos.

A integração da perícia ambiental com a participação pública é outra questão importante. A participação pública é essencial na resolução de conflitos ambientais, pois permite a consideração de diferentes perspectivas e interesses, além de fortalecer a legitimidade das decisões tomadas. Nesse contexto, a perícia ambiental pode desempenhar um papel importante ao fornecer informações técnicas e científicas que ajudem a embasar as decisões tomadas pelos grupos de interesse.

A PERÍCIA AMBIENTAL NA PRÁTICA

A perícia ambiental é uma ferramenta importante para a solução de conflitos relacionados ao meio ambiente. Existem diversos exemplos de casos em que a perícia ambiental foi utilizada para avaliar os danos ambientais, identificar as causas dos problemas e, assim, propor soluções para mitigar os impactos ambientais.

Um caso bastante conhecido é o desastre ambiental ocorrido em 2015, quando uma barragem da mineradora Samarco se rompeu em Mariana, Minas Gerais. A tragédia resultou em 19 mortes e deixou centenas de pessoas desabrigadas, além de causar danos irreparáveis ao meio ambiente. A perícia ambiental foi essencial para avaliar a extensão dos danos ambientais causados pelo rompimento da barragem, identificar as causas do acidente e propor soluções para minimizar os impactos. Os peritos analisaram a qualidade da água do Rio Doce, que foi contaminado pelos rejeitos de minério, e avaliaram a extensão dos danos ambientais na região atingida. Com base nessas informações, foram propostas medidas para a recuperação ambiental da área afetada.

> O caso de Brumadinho, todavia, tornou-se paradigmático. É agora considerado omaior acidente detrabalho da históriado Brasil, comcerca de 240pessoas mortas, entreas quais maisde 130 trabalhadoresda mineradora Vale S/A, diretos ou indiretos (terceirizados); na comparação internacional, Brumadinho talvez seja o segundo maior desastre industrial do século XXI, perdendo apenas para o desabamento predial em Savar, na periferia de Daca, capital de Bangladesh, em que ruíram oito pisos ocupados por fábricas diversas e um centro comercial, ceifando a vida de 1.127 pessoas (não por acaso, aliás, também um desastre relacionado à exploração do trabalho humano) (NORTH, 2013).

De acordo com o laudo técnico elaborado pela perícia ambiental, o rompimento da barragem de Brumadinho foi causado por falhas no projeto, na construção e na operação da estrutura. O laudo técnico foi utilizado como base para a tomada de decisão pelos órgãos competentes e para a responsabilização das empresas envolvidas.

Outro exemplo de atuação da perícia ambiental na resolução de conflitos é a avaliação de danos ambientais decorrentes da exploração de petróleo e gás. A atividade de exploração de petróleo e gás pode gerar impactos ambientais significativos, tais como a contaminação do solo e da água, além da emissão de gases de efeito estufa. Nesse sentido, a perícia ambiental pode ser utilizada para identificar esses impactos e propor medidas mitigadoras, tais como a utilização de tecnologias mais limpas e a implantação de sistemas de monitoramento ambiental.

A perícia ambiental também pode ser utilizada em casos de desmatamento ilegal. Por exemplo, em operações da Polícia Federal, IBAMA, Força Nacional, em conjunto com peritos ambientais, pode resultar na apreensão de madeira ilegal na Amazônia. A perícia ambiental é essencial para identificar a origem da madeira e, assim, possibilitar a punição dos responsáveis pelo desmatamento.

Em todos os casos, a perícia ambiental é fundamental para avaliar a situação, identificar as causas do problema e propor soluções para solucionar o conflito ambiental. Através da análise técnica e imparcial dos peritos, é possível encontrar soluções justas e efetivas para garantir a proteção do meio ambiente e dos direitos das pessoas afetadas pelos conflitos ambientais.

AS TÉCNICAS E MÉTODOS UTILIZADOS NA PERÍCIA AMBIENTAL

A perícia ambiental é uma ferramenta importante na resolução de conflitos ambientais, e para isso utiliza diversas técnicas e métodos para investigar, analisar e avaliar os danos e impactos ambientais.

Uma das técnicas utilizadas é a análise de documentos, que envolve a análise de documentos técnicos e legais, tais como relatórios de impacto ambiental, estudos ambientais e documentos que demonstrem a conformidade com a legislação ambiental. Essa análise é fundamental para entender as características e potenciais impactos do empreendimento ou atividade em questão, além de fornecer informações importantes para a tomada de decisão.

Outra técnica utilizada é a vistoria, que consiste na observação in loco das áreas impactadas. A vistoria permite coletar informações sobre as características físicas, biológicas e sociais da área, bem como sobre as atividades e processos envolvidos no conflito ambiental. Além disso, a vistoria também pode ser utilizada para avaliar a eficácia das medidas de mitigação e compensação implementadas pelo empreendedor.

Além dessas técnicas, a perícia ambiental também pode utilizar métodos científicos para coletar e analisar dados, tais como a amostragem, que envolve a coleta de amostras de solo, água e ar para análise laboratorial, e a modelagem matemática, que é utilizada para simular cenários e prever impactos ambientais futuros.

Para garantir a qualidade e a credibilidade dos resultados obtidos pela perícia ambiental, é fundamental que sejam seguidos métodos e procedimentos padronizados com as diretrizes e procedimentos técnicos para a realização de perícias ambientais, incluindo a seleção de técnicas e métodos adequados para cada caso.

É importante ressaltar que a utilização de técnicas e métodos adequados pela perícia ambiental é fundamental para a solução efetiva de conflitos ambientais, uma vez que fornece informações técnicas e científicas para a tomada de decisão. Além disso, a perícia ambiental também pode contribuir para o desenvolvimento de soluções mais sustentáveis e adequadas à realidade local.

LIMITAÇÕES DA PERÍCIA AMBIENTAL

Apesar de ser uma ferramenta importante na resolução de conflitos ambientais, a perícia ambiental apresenta algumas limitações que devem ser consideradas. Uma das principais limitações é a falta de recursos financeiros e humanos para a realização das perícias, o que pode afetar a qualidade e a efetividade dos resultados obtidos. Além disso, em alguns casos, a perícia ambiental pode enfrentar dificuldades em obter informações e documentos necessários para a realização do trabalho, o que pode comprometer o processo.

Outra limitação da perícia ambiental é que ela, por si só, não é capaz de resolver todos os conflitos ambientais. Em muitos casos, é necessário integrar a perícia com outras áreas de conhecimento, como a gestão ambiental, o direito ambiental, a sociologia ambiental, entre outras. A integração de diferentes áreas permite uma visão mais ampla e completa do problema, possibilitando a elaboração de soluções mais efetivas e sustentáveis.

> Assim, trata-se de uma atividade profissional de importante interesse social e de natureza complexa, a exigir uma prática multidisciplinar e a atuação de profissionais altamente qualificados para o trato das questões ambientais, além de estudos e pesquisas que fundamentem o desenvolvimento de seus aspectos jurídicos, teóricos, técnicos e metodológicos (CORREIA, 2003).

> Portanto, a perícia ambiental é uma modalidade desenvolvida em caráter multidisciplinar, por profissionais especializados, relacionados com os diversos ramos da ciência e da tecnologia, todos com conhecimentos específicos em meio ambiente e realizando seus trabalhos de maneira conjunta com outros profissionais ambientais. Perícias ambientais vêm sendo demandadas por ações judiciais civis, criminais e/ou administrativas, todas exigindo de acordo com sua área de atuação especialização dos profissionais envolvidos. (CARDOSO, 2017).

A importância da integração entre a perícia ambiental e a gestão ambiental, uma vez que a gestão pode fornecer informações relevantes para a perícia, como dados sobre o histórico ambiental da área, informações sobre a legislação ambiental aplicável, entre outras. Além disso, a gestão pode ajudar na implementação das soluções propostas pela perícia, garantindo a efetividade da medida.

A integração entre a perícia ambiental e o direito ambiental também é fundamental para a resolução de conflitos. O direito ambiental fornece o arcabouço jurídico necessário para a atuação da perícia, além de definir as responsabilidades das partes envolvidas no conflito. A integração entre essas áreas permite uma atuação mais efetiva da perícia, garantindo que as medidas propostas estejam em conformidade com a legislação ambiental.

Portanto, a perícia ambiental é uma importante ferramenta na resolução de conflitos ambientais, mas apresenta limitações que devem ser consideradas. A integração da perícia com outras áreas de conhecimento é fundamental para a elaboração de soluções efetivas e sustentáveis para os conflitos ambientais.

CONSIDERAÇÕES FINAIS

O presente artigo discutiu o papel da perícia ambiental na resolução de conflitos ambientais, apresentando sua importância na identificação de danos ambientais e na elaboração de laudos técnicos que fundamentem a tomada de decisão. Para tanto, foram abordados conceitos fundamentais sobre a perícia ambiental, tais como sua definição, objetivos e técnicas utilizadas.

A perícia ambiental tem se mostrado como um recurso eficaz na aplicação de conhecimentos científicos para avaliar e diagnosticar os impactos ambientais decorrentes de atividades humanas. Através de técnicas e métodos específicos, os peritos ambientais são capazes de analisar a situação em questão e fornecer informações precisas que podem ajudar na tomada de decisões justas e equilibradas em relação ao meio ambiente.

No entanto, é importante destacar que a perícia ambiental não pode ser vista como uma solução única para todos os problemas ambientais. É preciso que haja uma abordagem multidisciplinar a fim de obter a resolução de conflitos ambientais.

Além disso, é necessário que os peritos ambientais estejam sempre atualizados em relação às mudanças tecnológicas, às novas legislações e às demandas sociais relacionadas ao meio ambiente. Somente desta forma é possível garantir a qualidade e a efetividade do trabalho da perícia ambiental na resolução de conflitos ambientais.

REFERÊNCIAS BIBLIOGRÁFICAS

BRASIL. Constituição da República Federativa do Brasil. Promulgada em 5 de outubro de 1988. Diário Oficial da União, Brasília, DF, 5 out. 1988. Disponível em: http://www.planalto.gov.br/ccivil_03/constituicao/constituicao.htm. Acesso em: 13/09/2023.

HARRIS, Jonathan e CODUR, Anne Marie. Macroeconomics and the Environment. Global Development and Environment Institute Tufts University Medford, MA 02155. 2004. 37 p.

ALMEIDA, J.R.; OLIVEIRA, S.G.; PANNO, M. Perícia ambiental. Rio de Janeiro: Thex, 2003.

FIGINI, A.R.L. et al. Identificação humana. 2.ed. Campinas: Millennium, 2003.

GONÇALVES, Marileia Ieno. O que é Perícia Ambiental. Revista: Naturale, 2010.

MATTEI, J.F. A perícia ambiental e a tutela jurídica do meio ambiente. Jus Navigandi, Teresina, v.10, n.1075, 2006.

SILVEIRA, E.M.S.Z.S.F. Odontologia legal: a importância do DNA para as perícias e peritos. Saúde, Ética & Justiça, v.11, n.2, p.12-18, 2006.

ASSIS, M.D.P.C. Perícia, a importância da perícia contábil. 2011.

NORTH, A.Desabamento em Bangladesh revela lado obscuro da indústria de roupas. BBC Brasil, 28 abr. 2013.

CORREIA, P.A.S. Perícias ambientais. João Pessoa: Universidade Federal da Paraíba, 2003.

CARDOSO, Flavio. A Importância da Perícia nas Causas Relativas ao Direito Ambiental. Revista: on-line IPOG-ESPECILIZE,2015.

10

NORMA ISO 14000: CONCEITOS, BENEFÍCIOS E IMPORTÂNCIA PARA A GESTÃO AMBIENTAL

DOI:

Trabalho apresentado como exigência para conclusão do Curso de Pós Graduação em Consultoria e Certificação Ambiental pelo Instituto Facuminas.

RESUMO

Este estudo aborda a implementação dos padrões da norma ISO 14000 e sua relação com os Sistemas de Gestão Ambiental (SGA). São discutidos os principais elementos da norma ISO 14000 e como ela oferece um quadro abrangente para a gestão ambiental em organizações. Além disso, são explorados os benefícios da adoção dos SGA conforme estabelecido pela ISO 14000, incluindo a redução de impactos ambientais, conformidade regulatória e melhoria da imagem corporativa. O artigo enfatiza a importância da integração eficaz dos SGA na cultura organizacional para alcançar resultados

133

ambientais sustentáveis.

Palavras-chaves: Gestão Ambiental, Certificações, ISO 14000.

ABSTRACT

This study examines the implementation of ISO 14000 standards and their relationship with Environmental Management Systems (EMS). The key elements of ISO 14000 are discussed, highlighting its comprehensive framework for environmental management within organizations. The benefits of adopting EMS as stipulated by ISO 14000 are explored, including environmental impact reduction, regulatory compliance, and enhanced corporate image. The article underscores the significance of effectively integrating EMS into the organizational culture to achieve sustainable environmental outcomes.

Keywords: Environmental Management, Certifications, ISO 14000.

INTRODUÇÃO

No atual cenário empresarial, as organizações estão cada vez mais conscientes dos impactos ambientais resultantes de suas atividades e do papel crucial que desempenham na preservação e conservação do meio ambiente. Diante desse contexto, a gestão ambiental emerge como uma ferramenta fundamental para promover a sustentabilidade e a responsabilidade corporativa.

As empresas, independentemente de seu porte ou setor de atuação, estão inseridas em um contexto socioambiental complexo, no qual a busca pelo equilíbrio entre o desenvolvimento econômico e a preservação ambiental torna-se imperativa. Nesse sentido, a gestão ambiental surge como um conjunto de práticas e estratégias adotadas pelas organizações para minimizar os impactos negativos de suas atividades no meio ambiente e otimizar o uso dos recursos naturais.

Cada vez mais, o setor produtivo em diferentes países está incorporando em seus custos aqueles relacionados com a questão ambiental, implicando necessidades de mudanças significativas nos padrões de produção, comercialização e consumo. Estas mudanças respondem a normas e dispositivos legais rígidos de controle (nacionais e internacionais), associados a um novo perfil de consumidor. É fundamental que as empresas busquem uma relação harmônica com o meio ambiente, mediante a adoção de práticas de controle sobre: os processos produtivos e o uso de recursos naturais renováveis e não-renováveis (CARTILHA FIESP, 2003).

Segundo Maimon (1996), pesquisas revelam que medidas de gestão ambiental alteram a imagem da empresa para fins institucionais, e estão se constituindo cada vez mais como prioridades em suas etapas futuras de gestão empresarial e de investimentos financeiros nas empresas brasileiras.

A gestão ambiental abrange diversas áreas, tais como o uso eficiente de recursos naturais, a redução da emissão de poluentes, a gestão adequada de resíduos, a conservação da biodiversidade e a mitigação das mudanças climáticas. Ao implementar a gestão ambiental de forma efetiva, as empresas não apenas atendem às exigências legais e regulatórias, mas também alcançam uma série de benefícios e vantagens competitivas.

Dentre os principais benefícios da gestão ambiental, destacam-se a redução dos custos operacionais, o aumento da eficiência energética, a melhoria da imagem corporativa, o acesso a novos mercados e a ampliação da base de clientes. Além disso, a gestão ambiental fortalece o relacionamento com os stakeholders, incluindo clientes, colaboradores, investidores e a comunidade local, demonstrando o compromisso da organização com a sustentabilidade e a responsabilidade socioambiental.

Nesse contexto, a Norma ISO 14000 surge como um instrumento relevante para auxiliar as empresas na implementação de um sistema de gestão ambiental eficaz. A ISO 14000 é uma série de normas internacionais desenvolvidas pela International Organization for Standardization (ISO), que estabelecem diretrizes e requisitos para o gerenciamento ambiental. A adoção dessas normas permite que as empresas estruturem seus processos, promovam a melhoria contínua e obtenham a certificação, demonstrando conformidade com os padrões reconhecidos internacionalmente.

No presente estudo serão explorados os conceitos fundamentais da Norma ISO 14000, seus benefícios para as organizações e a importância dessa norma para a gestão ambiental.

CONTEXTO HISTÓRICO E EVOLUÇÃO DA NORMA ISO 14000

A preocupação com a preservação do meio ambiente e a busca por práticas sustentáveis nas atividades empresariais ganharam destaque a partir da década de 1960, quando surgiram movimentos ambientalistas e cresceu a conscientização sobre os impactos negativos da industrialização desenfreada, surgindo as primeiras normas e regulamentações relacionadas à gestão ambiental.

Entretanto, foi somente na década de 1990 que a ISO (International Organization for Standardization) percebeu a necessidade de desenvolver normas específicas para a gestão ambiental, a fim de auxiliar as organizações na implementação de práticas mais eficazes e consistentes nessa área. Assim, em 1993, foi lançada a primeira norma da série ISO 14000, a ISO 14001.

A ISO 14001 foi um marco importante no campo da gestão ambiental, pois foi a primeira norma internacional a estabelecer requisitos para um sistema de gestão ambiental (SGA). Seu objetivo era fornecer uma estrutura abrangente para as organizações gerenciarem seus aspectos ambientais e promoverem a melhoria contínua em seu desempenho ambiental. Foi bem recebida e rapidamente adotada por empresas em todo o mundo, pois oferecia uma abordagem flexível e adaptável às diferentes realidades e setores. Ela estabelecia princípios básicos, como o comprometimento da alta direção, o envolvimento dos colaboradores, a identificação de aspectos ambientais significativos, o estabelecimento de objetivos e metas ambientais, a implementação de planos de ação, a monitorização e avaliação de desempenho e a revisão contínua do sistema.

Com o sucesso da ISO 14001, outras normas foram desenvolvidas para complementar a série ISO 14000 e abordar questões específicas. Em 1996, foi lançada a ISO 14004, que fornece diretrizes gerais para a implementação do SGA, oferecendo orientações práticas e detalhadas sobre os processos de planejamento, implementação, monitoramento e revisão do sistema.

Posteriormente, a ISO 14006 foi publicada em 2011, abordando a integração de critérios ambientais no desenvolvimento de produtos e serviços por meio do ecodesign. Essa norma incentivou as empresas a considerarem os aspectos ambientais desde as fases iniciais do desenvolvimento de produtos, visando à redução de impactos ambientais em todo o ciclo de vida.

A série ISO 14000 também inclui normas específicas para a medição e relato de emissões de gases de efeito estufa, como a ISO 14064. Essa norma, dividida em três partes, estabelece os requisitos e as diretrizes para a quantificação, monitoramento e relato das emissões de gases de efeito estufa, auxiliando as organizações na gestão de suas emissões e na implementação de estratégias de redução.

Ao longo dos anos são revisadas e atualizadas com o objetivo de se manterem alinhadas às melhores práticas e às mudanças no contexto ambiental, regulatório e empresarial. Essas revisões visam aprimorar a eficácia das normas e garantir que elas continuem relevantes e aplicáveis às necessidades e desafios atuais das organizações, refletindo o compromisso contínuo da ISO em aprimorar suas normas e garantir que elas acompanhem as mudanças no cenário ambiental, tecnológico e empresarial. Ao manter-se atualizadas, as normas ISO 14000 continuam sendo uma referência confiável para as organizações que buscam implementar uma gestão ambiental eficaz, demonstrar conformidade e obter vantagens competitivas relacionadas à sustentabilidade.

CONCEITOS SOBRE A NORMA ISO 14000

> Aplica-se a norma 14000 às empresas de atividades industriais, agroindustriais e de serviços, certificando as instalações, linhas de produção e produtos que satisfaçam os padrões de qualidade ambiental (SOLEDADE et al., 2007).

A Norma ISO 14000 é uma série de normas internacionais desenvolvidas pela International Organization for Standardization (ISO) que estabelecem diretrizes e requisitos para a implementação de um sistema de gestão ambiental eficaz. Essa série de normas foi criada com o objetivo de auxiliar as organizações a identificar, controlar e reduzir os impactos ambientais resultantes de suas atividades, produtos e serviços.

A ISO 14000 oferece um quadro estruturado para que as empresas possam gerenciar seus aspectos ambientais de maneira sistemática, promovendo a melhoria contínua e a busca pela sustentabilidade. Essas normas são aplicáveis a organizações de todos os setores e tamanhos, sejam elas públicas ou privadas, lucrativas ou não.

A adoção da norma traz uma série de benefícios para as organizações. Primeiramente, ajuda a reduzir os riscos ambientais associados às atividades empresariais, evitando impactos negativos na saúde humana, na biodiversidade e nos recursos naturais. Além disso, a norma contribui para o cumprimento de regulamentações ambientais, evitando possíveis penalidades e sanções legais. Também promove a eficiência e a otimização dos processos, resultando em redução de custos operacionais, economia de recursos naturais, como água e energia, e melhoria da gestão de resíduos. A norma também auxilia na construção de uma imagem corporativa positiva, demonstrando o compromisso da organização com a sustentabilidade e a responsabilidade ambiental, o que pode fortalecer a relação com clientes, fornecedores, colaboradores e a comunidade em geral.

SISTEMA DE GESTÃO AMBIENTAL (SGA)

O Sistema de Gestão Ambiental (SGA) é uma abordagem estruturada e sistemática que permite que as organizações gerenciem seus impactos ambientais de forma eficaz, promovendo a sustentabilidade e a responsabilidade socioambiental. O SGA abrange uma série de processos, políticas, práticas e procedimentos que visam identificar, controlar e reduzir os impactos negativos das atividades, produtos e serviços de uma organização no meio ambiente.

A Gestão Ambiental dentro do sistema de gestão das organizações traz como práticas alguns mecanismos para minimizar os impactos ambientais decorrentes dos processos de industrialização. O Sistema de Gestão Ambiental (SGA), segundo a definição ISO, é o conjunto formado pela estrutura organizacional, responsabilidades, práticas, procedimentos, processos e recursos necessários para implantar e manter o gerenciamento ambiental (NAHUZ, 1995, p. 61).

Segundo Castro (1996), a partir de um SGA a empresa passa a incentivar a reciclagem, buscar matérias-primas e processos produtivos menos impactantes, passando a racionalizar o uso dos recursos naturais renováveis e não-renováveis. Dessa forma, a implantação do SGA poderá possibilitar o desenvolvimento de processos produtivos mais limpos, bem como de produtos menos nocivos ao meio ambiente.

O objetivo principal de um SGA é fornecer uma estrutura para que as organizações estabeleçam e alcancem metas e objetivos ambientais, ao mesmo tempo em que atendam às exigências legais e regulatórias aplicáveis. Além disso, um SGA busca promover a melhoria contínua do desempenho ambiental, por meio da avaliação sistemática dos processos e da implementação de ações corretivas e preventivas.

A implementação de um SGA baseia-se em algumas etapas-chave. A primeira etapa é o estabelecimento de uma política ambiental, na qual a alta direção da organização define os princípios e compromissos ambientais da empresa. A política ambiental deve estar alinhada com a missão, os valores e a estratégia da organização, demonstrando o comprometimento com a sustentabilidade e a proteção ambiental.

Após estabelecer a política ambiental, a organização deve realizar uma análise do contexto, identificando os aspectos ambientais significativos relacionados às suas atividades, produtos e serviços. Isso envolve a identificação e avaliação dos impactos ambientais, como a emissão de poluentes, a geração de resíduos, o consumo de recursos naturais, entre outros. Essa análise permite à organização compreender quais aspectos são mais relevantes e quais ações devem ser tomadas para controlá-los.

Com base na análise do contexto, a organização deve estabelecer objetivos e metas ambientais específicos, que são desdobrados em planos de ação. Esses planos de ação descrevem as atividades e medidas que serão implementadas para alcançar os objetivos estabelecidos. É importante que os planos de ação sejam realistas, mensuráveis e tenham prazos definidos.

A implementação do SGA envolve a alocação de responsabilidades e recursos, a comunicação interna e externa, o treinamento dos colaboradores e o estabelecimento de procedimentos operacionais. Os colaboradores desempenham um papel fundamental na implementação e manutenção do SGA, sendo essencial o seu envolvimento e conscientização ambiental.

O monitoramento e a medição do desempenho ambiental são elementos centrais de um SGA. Isso envolve a coleta de dados e informações relevantes, a fim de avaliar o progresso em relação aos objetivos e metas estabelecidos. A organização deve estabelecer indicadores de desempenho e realizar auditorias internas periódicas para verificar a conformidade com os requisitos do SGA e identificar oportunidades de melhoria.

A revisão do SGA é uma etapa importante, na qual a alta direção avalia a eficácia e a adequação do sistema. Essa revisão deve ocorrer periodicamente, permitindo a tomada de decisões informada sobre o aprimoramento contínuo do SGA. Durante essa revisão, a alta direção deve analisar os resultados do monitoramento e das auditorias internas, bem como as informações provenientes das partes interessadas e das mudanças no contexto ambiental, regulatório e empresarial. Com base na revisão do SGA, a alta direção pode identificar áreas que precisam de melhorias e tomar decisões para implementar ações corretivas e preventivas. Isso pode envolver ajustes nos procedimentos operacionais, ações de treinamento e conscientização, investimentos em tecnologias mais limpas, revisão da política ambiental ou outras medidas necessárias para aprimorar o desempenho ambiental da organização.

Além disso, a revisão do SGA também é uma oportunidade para a alta direção definir novos objetivos e metas ambientais, levando em consideração os resultados obtidos e os desafios e oportunidades identificados. É importante que esses objetivos sejam ambiciosos, realistas e alinhados com a estratégia geral da organização, estimulando a busca pela excelência ambiental.

Uma das principais vantagens de implementar um SGA é a melhoria contínua do desempenho ambiental da organização. Ao adotar uma abordagem sistemática e baseada em processos, a organização pode identificar oportunidades de redução de custos, aumento da eficiência operacional, minimização dos riscos ambientais e fortalecimento da reputação e da imagem junto aos clientes, parceiros comerciais e à sociedade em geral. Além disso, um SGA bem implementado pode auxiliar a organização no cumprimento das obrigações legais e regulatórias relacionadas ao meio ambiente. A conformidade com as leis ambientais é fundamental para evitar multas, penalidades e sanções, além de contribuir para a preservação ambiental e a sustentabilidade a longo prazo. Outro benefício do SGA é a possibilidade de obter certificações reconhecidas, como a ISO 14001, que demonstram o compromisso da organização com a gestão ambiental. Essas certificações podem abrir portas para novas oportunidades de negócio, especialmente em setores onde a preocupação ambiental é valorizada pelos clientes e parceiros comerciais.

BENEFÍCIOS DA IMPLEMENTAÇÃO DA NORMA ISO 14000

A implementação da norma ISO 14000 e suas normas complementares traz uma série de benefícios para as organizações que desejam adotar uma abordagem estruturada e eficaz em relação à gestão ambiental. Esses benefícios podem ser percebidos em diversas áreas e níveis da organização, contribuindo para o desenvolvimento sustentável e para a obtenção de vantagens competitivas.

A norma ISO 14000 auxilia as organizações a identificar e cumprir as obrigações legais e regulatórias relacionadas ao meio ambiente. Isso inclui a compreensão dos requisitos legais aplicáveis, a implementação de práticas e controles adequados para atender a esses requisitos, e a manutenção de registros e documentação para demonstrar a conformidade.

Além de promover a melhoria contínua do desempenho ambiental das organizações. Ao implementar um Sistema de Gestão Ambiental (SGA) conforme os requisitos da norma, as empresas podem identificar e controlar seus aspectos ambientais significativos, estabelecer objetivos e metas ambientais, monitorar e medir seu desempenho, e implementar ações corretivas e preventivas para alcançar melhorias quantificáveis em seu desempenho ambiental.

A redução de custos operacionais para as organizações ocorre por meio da identificação e implementação de práticas mais eficientes e sustentáveis, como a redução do consumo de energia, a otimização do uso de recursos naturais, a minimização de resíduos e a adoção de tecnologias mais limpas.

Também auxilia na eficiência e a produtividade das operações da organização ao adotar práticas de gestão ambiental mais eficazes, como a identificação e eliminação de atividades ineficientes, a padronização de processos e a otimização do uso de recursos, as empresas podem reduzir desperdícios, retrabalhos e tempos de inatividade, aumentando a eficiência global dos seus processos.

A conformidade com a ISO 14000 e a obtenção de certificações reconhecidas, como a ISO 14001, podem fortalecer a imagem e a reputação da organização. Isso ocorre porque a implementação da norma demonstra o compromisso da empresa com a gestão ambiental responsável, transmitindo confiança aos clientes, parceiros comerciais, investidores e à sociedade em geral. A reputação de uma organização como ambientalmente responsável pode atrair novos clientes, abrir oportunidades de negócios e fortalecer o relacionamento com as partes interessadas. Os consumidores estão cada vez mais preocupados com questões ambientais e tendem a preferir empresas que adotam práticas sustentáveis. Ao obter a certificação ISO 14001, a organização pode utilizar o selo em seus materiais de marketing, website e produtos, destacando seu compromisso com o meio ambiente. Isso pode diferenciá-la da concorrência e agregar valor à sua marca.

Também é possível que haja abertura de portas para novos mercados e oportu-nidades de negócios, pois diversas empresas exigem que seus fornecedores sejam ambientalmente responsáveis e cumpram os requisitos da ISO 14001. Ao obter a certificação, a organização pode atender a esses requisitos e ter acesso a esses mercados. Além disso, algumas licitações públicas e contratos exigem a conformidade com a norma ISO 14001, o que pode ampliar as possibilidades de participação em projetos governamentais e contratos comerciais.

A realização de uma análise detalhada dos aspectos ambientais significativos e avaliar os impactos associados, a organização pode implementar medidas preventivas para evitar acidentes ambientais, minimizar a ocorrência de incidentes e reduzir os riscos de passivos ambientais. Isso contribui para a proteção do meio ambiente, a segurança dos colaboradores e a continuidade das operações.

O estabelecimento de um SGA, pode envolver os colaboradores em treinamentos e programas de educação ambiental, incentivando-os a adotar práticas sustentáveis no ambiente de trabalho e em suas atividades diárias. O engajamento dos colaboradores é essencial para o sucesso do SGA, uma vez que são eles que implementam as ações e contribuem para a melhoria contínua do desempenho ambiental.

Conforme elencado anteriormente, ao adotar uma abordagem estruturada e sistemática de gestão ambiental, as empresas podem obter vantagens competitivas, garantir a sustentabilidade a longo prazo e contribuir para a preservação do meio ambiente.

IMPORTÂNCIA DA NORMA ISO 14000 PARA A GESTÃO AMBIENTAL

A norma ISO 14000 desempenha um papel fundamental na gestão ambiental, fornecendo um conjunto de diretrizes e requisitos para as organizações implementarem práticas sustentáveis e responsáveis em relação ao meio ambiente. A importância da norma ISO 14000 para a gestão ambiental pode ser vista sob diferentes perspectivas:

1. **Estrutura e abordagem sistemática:** A norma ISO 14000 fornece uma estrutura e uma abordagem sistemática para a gestão ambiental nas organizações. Ela define os requisitos mínimos para o estabelecimento de um Sistema de Gestão Ambiental (SGA) eficaz, que abrange todos os aspectos relacionados ao meio ambiente, desde a identificação de aspectos e impactos ambientais até a implementação de ações corretivas e preventivas. Essa abordagem estruturada permite que as organizações gerenciem seus impactos ambientais de forma sistemática, promovendo a melhoria contínua e a obtenção de resultados mensuráveis.

2. **Cumprimento legal e regulatório:** A implementação da norma ISO 14000 auxilia as organizações no cumprimento das obrigações legais e regulatórias relacionadas ao meio ambiente. Ao estabelecer um SGA conforme os requisitos da norma, as organizações podem identificar os requisitos legais aplicáveis, monitorar seu cumprimento e implementar as ações necessárias para garantir a conformidade. Isso é essencial para evitar multas, penalidades e sanções legais, além de contribuir para a sustentabilidade ambiental e a preservação dos recursos naturais.

3. **Melhoria do desempenho ambiental:** A norma ISO 14000 promove a melhoria contínua do desempenho ambiental das organizações. Ao implementar um SGA, as organizações podem identificar seus aspectos ambientais significativos, estabelecer objetivos e metas ambientais realistas, monitorar seu desempenho, analisar os resultados e implementar ações de melhoria. Isso leva a uma redução dos impactos ambientais negativos, ao aumento da eficiência no uso de recursos, à minimização de resíduos e à adoção de práticas mais sustentáveis. A melhoria do desempenho ambiental não apenas beneficia o meio ambiente, mas também pode resultar em economias de custos, eficiência operacional e vantagens competitivas.

4. **Reputação e imagem corporativa:** A implementação da norma ISO 14000 pode fortalecer a reputação e a imagem corporativa das organizações. Cada vez mais, os consumidores e as partes interessadas estão preocupados com

questões ambientais e buscam se associar a empresas ambientalmente responsáveis. Ao adotar práticas sustentáveis e obter certificações reconhecidas, como a ISO 14001, as organizações demonstram seu compromisso com a gestão ambiental e ganham a confiança e o reconhecimento do mercado. Isso pode resultar em um aumento da preferência dos consumidores, na fidelidade dos clientes e na atração de novas oportunidades de negócios.

5. Inovação e vantagem competitiva: A implementação da norma ISO 14000 pode estimular a inovação nas organizações, levando à criação de novos produtos e serviços ambientalmente sustentáveis. Ao adotar práticas de gestão ambiental, as organizações são incentivadas a buscar soluções inovadoras para reduzir seu impacto ambiental e desenvolver produtos e serviços que atendam às demandas do mercado por sustentabilidade. Isso pode resultar na introdução de produtos eco-friendly, embalagens recicláveis, tecnologias mais eficientes em termos de recursos, entre outras iniciativas. A inovação ambiental não apenas atende às necessidades dos consumidores conscientes, mas também oferece uma vantagem competitiva, diferenciando as empresas no mercado e abrindo novas oportunidades de negócios.

6. Engajamento das partes interessadas: A norma ISO 14000 promove o engajamento das partes interessadas na gestão ambiental. Isso inclui os colaboradores, clientes, fornecedores, comunidades locais e outros parceiros comerciais. Ao implementar um SGA, as organizações podem envolver as partes interessadas em consultas, diálogos e programas de conscientização ambiental. Esse engajamento fortalece os relacionamentos com as partes interessadas, melhora a comunicação e a transparência, e permite que as organizações atendam às expectativas e demandas desses públicos. O envolvimento das partes interessadas é fundamental para o sucesso da gestão ambiental e ajuda a criar uma cultura organizacional de responsabilidade ambiental.

7. Contribuição para o desenvolvimento sustentável: A norma ISO 14000 desempenha um papel importante no avanço do desenvolvimento sustentável.

Ao adotar práticas de gestão ambiental, as organizações contribuem para a proteção do meio ambiente, a conservação dos recursos naturais e a minimização dos impactos negativos das atividades humanas. Além disso, a implementação da norma incentiva a integração de considerações ambientais em todas as áreas de negócio, promovendo uma abordagem holística e abrangente para o desenvolvimento sustentável. Ao tomar decisões e implementar ações baseadas nos princípios da ISO 14000, as organizações estão contribuindo para um futuro mais sustentável e resiliente.

CONSIDERAÇOES FINAIS

Em resumo, a ISO 14000 desempenha um papel crucial na gestão ambiental, proporcionando um quadro estrutural para práticas sustentáveis e conformidade normativa. No entanto, a efetividade desta norma vai além da mera adesão aos seus preceitos. Para alcançar uma sustentabilidade organizacional verdadeira, é essencial que as empresas transcendam a aplicação superficial da norma. A adoção da ISO 14000 deve ser parte de uma estratégia mais ampla que inclua uma transformação na cultura e mentalidade corporativa, priorizando a sustentabilidade em todos os níveis e aspectos da operação, desde o desenvolvimento de produtos até a gestão da cadeia de suprimentos. Isso requer uma análise aprofundada dos impactos ambientais em toda a cadeia de valor, implementando práticas sustentáveis que refletem um compromisso genuíno com a preservação ambiental.

Além disso, a eficácia da ISO 14000 na promoção de uma gestão ambiental robusta depende de um sistema contínuo de monitoramento e avaliação. As organizações devem estabelecer e acompanhar indicadores de desempenho ambiental, permitindo a identificação de áreas para melhoria e a tomada de decisões informadas para aprimoramento constante. Portanto, a verdadeira efetividade da ISO 14000 não reside apenas em cumprir os requisitos normativos, mas em um engajamento contínuo e autêntico com práticas ambientalmente sustentáveis. Esta abordagem integral e comprometida é essencial para maximizar os benefícios da norma, estabelecendo o caminho para uma gestão ambiental eficiente e verdadeiramente sustentável.

REFERÊNCIAS BIBLIOGRÁFICAS

ASSOCIAÇÃO Brasileira de Normas Técnicas. NBR ISO 14001 - Sistema de gestão ambiental: especificação e diretrizes para uso. Rio de Janeiro: ABNT, 1996. 14 p.

ASSOCIAÇÃO Brasileira de Normas Técnicas. NBR ISO 14004 - Sistema de gestão ambiental: diretrizes gerais sobre princípios, sistemas e técnicas de apoio. Rio de Janeiro: ABNT, 1996. 32 p.

CARTILHA FIESP-CIESP. Indicadores de desempenho ambiental da indústria 2003.

MAIMON, D. Passaporte Verde: Gestão Ambiental e Competitividade. Rio de Janeiro: Qualitymark, 1996.

SOLEDADE, M. G. M. et al. ISO 14000 e a Gestão Ambiental: uma reflexão das práticas ambientais corporativas. In: IX ENGEMA – Encontro Nacional sobre Gestão Empresarial e Meio Ambiente, Curitiba, novembro, 2007.

HOJDA, Ricardo Gross. ISO 14001: sistemas de gestão ambiental. 1997. Dissertação (Mestrado) – Universidade de São Paulo, São Paulo, 1997. . Acesso em: 14 ago. 2023.

NAHUZ, Marcio Augusto Rabelo. O Sistema ISO 14000 e a certificação ambiental. In: RAE, São Paulo, v. 35; nov./dez. 1995. P.56-66.

CASTRO, Newton de. A questão ambiental: o que todo empresário precisa saber. Brasília: SEBRAE, 1996. 71 p.

11

LICENCIAMENTO AMBIENTAL PARA PROJETOS DE ENERGIAS RENOVÁVEIS

DOI:

Trabalho apresentado como exigência para conclusão do Curso de Pós Graduação em Projetos e Licenciamento Ambiental pelo Instituto Facuminas.

RESUMO

A crescente busca por fontes de energia limpa e sustentável impulsiona a importância da energia renovável como alternativa aos combustíveis fósseis. No entanto, a implementação bem-sucedida desses projetos requer não apenas avanços tecnológicos, mas também um processo de licenciamento ambiental cuidadoso. O licenciamento ambiental é um conjunto de procedimentos que visa avaliar e regular os impactos ambientais de um projeto, garantindo a mitigação adequada e a viabilidade ambiental. Este artigo explora a relevância do licenciamento ambiental para projetos de energia renovável, abordando procedimentos, desafios e eficácia na mitigação de impactos ambientais. O estudo visa informar profissionais e pesquisadores sobre estratégias sustentáveis na implementação de projetos de energia renovável, alinhadas com princípios de sustentabilidade ambiental.

Palavras-chaves: Licenciamento Ambiental, Energias Renováveis, Licença Ambiental.

ABSTRACT

The growing quest for clean and sustainable energy sources underscores the importance of renewable energy as an alternative to fossil fuels. However, the successful implementation of these projects necessitates not only technological advancements but also careful environmental licensing processes. Environmental licensing entails a series of procedures aimed at assessing and regulating the environmental impacts of a project, ensuring appropriate mitigation and environmental viability. This article delves into the significance of environmental licensing for renewable energy projects, covering procedures, challenges, and effectiveness in mitigating environmental impacts. The study aims to enlighten professionals and researchers on sustainable strategies in renewable energy project implementation, aligned with principles of environmental sustainability.

Keywords: Environmental Licensing, Renewable Energy, Environmental License.

INTRODUÇÃO

A transição para fontes de energia mais limpas e sustentáveis tem se tornado uma prioridade global diante dos desafios ambientais e das preocupações com a escassez de recursos naturais. Nesse contexto, a energia renovável emerge como uma alternativa promissora para suprir as demandas energéticas de maneira mais sustentável, reduzindo a dependência dos combustíveis fósseis e mitigando os impactos ambientais negativos.

O debate contínuo, "sobre os impactos causados pela dependência de combustíveis fósseis, contribui decisivamente para o interesse mundial por soluções sustentáveis por meio de geração de energia oriunda de fontes limpas e renováveis, e ambientalmente corretas" (BERMANN, 2001, p. 25).

No entanto, a implementação bem-sucedida de projetos de energia renovável requer não apenas avanços tecnológicos, mas também um cuidadoso processo de licenciamento ambiental.

O licenciamento ambiental representa um conjunto de procedimentos e avaliações conduzidos por órgãos ambientais competentes, com o objetivo de avaliar e regular os impactos ambientais de um projeto. Seu propósito é assegurar que sejam adotadas medidas adequadas de mitigação, controle e compensação ambiental, a fim de minimizar os efeitos prejudiciais e garantir a viabilidade ambiental dos empreendimentos. No caso dos projetos de energia renovável, o licenciamento ambiental desempenha um papel crucial na proteção dos ecossistemas, na preservação da biodiversidade e na promoção do desenvolvimento sustentável.

Ao estabelecer diretrizes claras e rigorosas para a implementação de projetos de energia renovável, o licenciamento ambiental assegura que sejam considerados aspectos como a escolha adequada do local, a análise dos impactos ambientais, a mitigação dos danos e a participação da comunidade local. Além disso, o licenciamento ambiental busca garantir a conformidade dos empreendimentos com a legislação ambiental vigente, os padrões de qualidade ambiental e as diretrizes técnicas estabelecidas.

Nesse contexto, este estudo tem por objetivo explorar a importância do licenciamento ambiental para projetos de energia renovável. Serão abordados os procedimentos envolvidos no processo de licenciamento, os desafios enfrentados e a eficácia dessas práticas na mitigação dos impactos ambientais associados aos projetos de energia renovável.

Ao compreender e analisar a relação entre licenciamento ambiental e energia renovável, busca-se contribuir para o desenvolvimento de estratégias mais eficientes e sustentáveis na implementação desses projetos. Espera-se que as informações apresentadas possam auxiliar profissionais, pesquisadores, gestores públicos e demais interessados na promoção de um desenvolvimento energético mais responsável e alinhado com os princípios da sustentabilidade ambiental.

ENERGIA RENOVÁVEL: CONCEITOS E RELEVÂNCIA

A energia renovável refere-se a fontes de energia que são naturalmente reabastecidas e não se esgotam com o uso humano. Essas fontes são consideradas limpas e sustentáveis, pois produzem menos emissões de gases de efeito estufa e têm menor impacto ambiental em comparação aos combustíveis fósseis. A importância da energia renovável está associada à necessidade de mitigar os efeitos das mudanças climáticas, reduzir a dependência de combustíveis fósseis, promover a segurança energética e impulsionar o desenvolvimento sustentável.

Existem diferentes tipos de energia renovável que são aplicados em projetos ao redor do mundo. Alguns dos principais são: Energia Solar, Energia Eólica, Energia Hidrelétrica, Energia de Biomassa, Energia Geotérmica, Energia das Ondas e das Marés, que oferecem uma série de benefícios ambientais significativos, dentre os quais podemos citar:

1.**Redução das Emissões de Gases de Efeito Estufa:** As fontes de energia renovável emitem menos gases de efeito estufa durante a geração de eletricidade em comparação aos combustíveis fósseis, contribuindo para mitigar as mudanças climáticas.

2.Preservação dos Recursos Naturais: Ao depender de fontes inesgotáveis, a energia renovável reduz a pressão sobre os recursos naturais não renováveis, como petróleo, gás natural e carvão.

3.Melhoria da Qualidade do Ar: A geração de energia renovável não produz poluentes atmosféricos prejudiciais, contribuindo para a melhoria da qualidade do ar e a redução de problemas de saúde relacionados à poluição.

4.Diversificação da Matriz Energética: A utilização de energia renovável diversifica a matriz energética de um país, reduzindo a dependência de fontes de energia importadas e aumentando a segurança energética.

5.Estímulo à Inovação Tecnológica: A busca por soluções mais eficientes e sustentáveis na geração de energia renovável impulsiona o desenvolvimento e a inovação tecnológica em diversas áreas, contribuindo para o crescimento econômico.

A energia renovável tem sido um importante catalisador para a inovação tecnológica, incentivando o desenvolvimento de novas tecnologias e soluções que melhoram a eficiência, a capacidade de armazenamento e a integração dessas fontes de energia na rede elétrica. A necessidade de maximizar a geração de energia a partir de fontes renováveis e minimizar os custos associados impulsiona a pesquisa e o desenvolvimento de tecnologias mais avançadas e eficientes.

A inovação tecnológica no setor de energia renovável tem levado a avanços significativos, como o aumento da eficiência dos painéis solares, o desenvolvimento de turbinas eólicas mais eficientes e silenciosas, o uso de materiais avançados para a produção de biocombustíveis, entre outros. Além disso, a integração de tecnologias digitais e sistemas de armazenamento de energia tem desempenhado um papel fundamental na melhoria da eficiência e na gestão inteligente da geração e do consumo de energia renovável.

Essa inovação tecnológica não apenas impulsiona o setor de energia renovável, mas também gera oportunidades econômicas significativas. A criação e o crescimento de indústrias relacionadas à energia renovável geram empregos qualificados e sustentáveis, impulsionando a economia local e regional. Além disso, a exportação de tecnologias e soluções inovadoras de energia renovável pode gerar receitas e fortalecer a posição competitiva de um país no mercado global.

A inovação tecnológica no setor de energia renovável também proporciona benefícios para a sociedade, como a redução dos custos de energia, tornando-a mais acessível e sustentável para as comunidades. Além disso, a adoção de tecnologias mais avançadas permite uma melhor gestão e controle da geração de energia, promovendo a estabilidade da rede elétrica e aumentando a resiliência do sistema energético como um todo.

LICENCIAMENTO AMBIENTAL: DEFINIÇÃO E OBJETIVOS

O licenciamento ambiental é um conjunto de procedimentos e avaliações conduzidos por órgãos ambientais competentes para avaliar e regular os impactos ambientais de um projeto, visando garantir a viabilidade ambiental dessa iniciativa. É uma ferramenta fundamental para promover o desenvolvimento sustentável, garantindo que os projetos sejam realizados de maneira responsável, minimizando os impactos ambientais negativos e promovendo a conservação dos recursos naturais.

> Paulo de Bessa afirma que "todas as atividades capazes de alterar negativamente as condições ambientais estão submetidas ao controle ambiental, que é uma atividade geral de polícia exercida pelo Estado".

> Talden Farias afirma, em relação ao licenciamento ambiental, que se trata de um mecanismo cuja função é enquadrar as atividades causadoras de impacto sobre o meio ambiente, o que pode ser feito por meio de adequação ou de correção de técnicas produtivas e do controle da matéria-prima e das substâncias utilizadas.

Deste modo podemos afirmar que o licenciamento ambiental busca identificar e avaliar os possíveis impactos negativos de um projeto sobre o meio ambiente, incluindo aspectos como a fauna, flora, recursos hídricos, qualidade do ar, entre outros.

Com base na avaliação dos impactos ambientais, se estabelecem medidas de mitigação e controle para minimizar ou eliminar os impactos negativos. Isso pode incluir a adoção de tecnologias mais limpas, a implementação de programas de monitoramento ambiental e a elaboração de planos de recuperação de áreas degradadas. Assegurando que o projeto esteja em conformidade com as leis e regulamentos ambientais vigentes, garantindo a proteção dos recursos naturais e a preservação do meio ambiente.

É fundamental que durante o processo de licenciamento possa haver o envolvimento a participação da comunidade afetada pelo projeto, permitindo que os cidadãos tenham voz e contribuam para o processo de tomada de decisões. Isso ajuda a garantir a transparência e a legitimidade do processo de licenciamento.

No contexto dos projetos de energias renováveis, o licenciamento ambiental desempenha um papel crucial na garantia da sustentabilidade dessas fontes energéticas. Buscando avaliar e mitigar os impactos ambientais associados a esses projetos, considerando aspectos como a ocupação do solo, o uso de recursos hídricos, a emissão de gases de efeito estufa e os possíveis efeitos sobre a biodiversidade.

O Sistema Nacional de Meio Ambiente (SISNAMA), sob a égide do Ministério do Meio Ambiente (MMA), é responsável pela regulamentação do processo de licenciamento ambiental. A obrigatoriedade desse licenciamento está prevista na Lei Federal nº 6.938 de 1981, que trata da Política Nacional do Meio Ambiente, seus objetivos, bem como os mecanismos para sua formulação e aplicação. De acordo com essa lei:

> A construção, instalação, ampliação e operação de estabelecimentos e atividades que utilizem recursos ambientais, com potencial ou efetiva capacidade de poluição, ou que possam causar danos ao meio ambiente, estão sujeitas à obtenção prévia do licenciamento ambiental. (BRASIL)

Além disso, a Lei Federal nº 6.938 de 1981 também estabeleceu a criação do Conselho Nacional do Meio Ambiente (CONAMA). Entre as atribuições desse conselho, destaca-se a definição de normas e critérios para o licenciamento de atividades com potencial ou efetiva capacidade de poluição.

André Vanoni de Godoy refere que a importância da Lei 6.938/81 é tamanha que ela seria o marco zero da consciência ambiental no Brasil, pois, a partir de sua edição é que os conceitos de meio ambiente, Direito Ambiental, desenvolvimento sustentável, equilíbrio ecológico, entre outros, passaram a fazer parte do vocabulário jurídico de nosso país.

Uma resolução de grande importância nesse contexto é a Resolução CONAMA Nº 001/1986, que determina que atividades que possam modificar o meio ambiente estão sujeitas à elaboração de um estudo de impacto ambiental e seu respectivo relatório (RIMA) como parte do processo de licenciamento.

PROCEDIMENTOS DO LICENCIAMENTO AMBIENTAL PARA PROJETOS DE ENERGIA RENOVÁVEL

O licenciamento ambiental para projetos de energias renováveis envolve uma série de procedimentos que visam garantir a viabilidade ambiental dessas iniciativas. As etapas do processo de licenciamento podem variar de acordo com a legislação de cada país ou região, em vias de regras podemos resumir da seguinte forma:

1.O interessado em desenvolver um projeto de energia renovável deve apresentar um protocolo de requerimento junto ao órgão ambiental competente. Esse protocolo inclui informações básicas sobre o projeto, como localização, tipo de energia renovável utilizada e escopo da iniciativa.

2.O órgão ambiental realiza uma análise preliminar do projeto para verificar se ele está em conformidade com a legislação ambiental aplicável e se os documentos necessários foram apresentados corretamente. Essa etapa visa garantir que o projeto atenda aos requisitos básicos para prosseguir no processo de licenciamento.

3.Estudo de Impacto Ambiental (EIA) e Relatório de Impacto Ambiental (RIMA): Uma das etapas mais importantes do licenciamento ambiental é a realização do Estudo de Impacto Ambiental (EIA) e a elaboração do Relatório de Impacto Ambiental (RIMA). O EIA consiste em uma análise detalhada dos impactos ambientais potenciais do projeto, considerando aspectos como uso do solo, recursos hídricos, fauna, flora, qualidade do ar, entre outros. O RIMA é uma versão simplificada do EIA, elaborada de forma clara e acessível à população, para que os interessados possam compreender os impactos do projeto.

O gerenciamento dos riscos, por parte dos órgãos ambientais, em se tratando de licenciamento ambiental, se dá através do EIA, do RIMA, do Termo de Ajustamento de Conduta, do Termo de Compromisso Ambiental, das fiscalizações, etc. (Oliveira, 2012).

4.Durante a elaboração do EIA/RIMA, é realizada uma consulta pública, que permite que a população afetada e os stakeholders interessados expressem suas opiniões e contribuições sobre o projeto. A participação pública é fundamental para garantir a transparência e a legitimidade do processo de licenciamento, permitindo que a comunidade seja ouvida e considere suas preocupações.

5.O órgão ambiental responsável realiza uma análise técnica do EIA/RIMA e de outras informações fornecidas pelo interessado, verificando se todas as exigências e recomendações legais foram atendidas. Essa avaliação considera aspectos como a adequação das medidas propostas para mitigar os impactos ambientais, a viabilidade do projeto e sua conformidade com as políticas e diretrizes ambientais.

6.Com base na avaliação técnica, o órgão ambiental emite a Licença Ambiental, que estabelece as condições e restrições para a implantação e operação do projeto de energia renovável. Essa licença pode ser dividida em diferentes fases, como Licença Prévia, Licença de Instalação e Licença de Operação, dependendo da legislação local.

> É o ato administrativo vinculado por meio do qual a Administração Pública outorga a alguém, que para isso se interesse, o direito de realizar certa atividade material que sem ela lhe seria vedada, desde que satisfeitas as exigências legais (Gasparini, 2004).

Para José dos Santos Carvalho Filho, a licença administrativa é um ato vinculado, pela qual a Administração concede ao interessado consentimento para que desempenhe determinada atividade. Assim, através dessa licença, o Poder Público exerce o seu poder de polícia, por meio da fiscalização.

7.Monitoramento e fiscalização ambiental são etapas fundamentais do licenciamento ambiental para projetos de energia renovável. Essas atividades têm como objetivo verificar o cumprimento das condições estabelecidas na Licença Ambiental e garantir a minimização dos impactos ambientais ao longo da implantação e operação do projeto.

PRINCIPAIS DESAFIOS DOS LICENCIAMENTOS DE PROJETOS DE ENERGIA RENOVÁVEL

O licenciamento de projetos de energia renovável requer uma avaliação detalhada dos possíveis impactos ambientais, como a perda de habitat, a perturbação de ecossistemas locais e a interferência na vida selvagem. Essa avaliação pode ser complexa e requer estudos especializados.

Esses Projetos geralmente são implementados em áreas habitadas por comunidades locais. É essencial envolver essas comunidades desde as fases iniciais do projeto, ouvindo suas preocupações, fornecendo informações claras e transparentes e buscando o engajamento ativo delas. Isso pode ser desafiador, pois diferentes comunidades podem ter perspectivas e interesses diversos.

Parques eólicos ou usinas solares, dependem de uma infraestrutura adequada e do acesso à rede elétrica para a distribuição da energia gerada. A falta de infraestrutura existente ou a necessidade de melhorias na rede elétrica podem representar desafios significativos para o licenciamento e a implementação desses projetos.

A legislação e a regulamentação relacionadas ao licenciamento de projetos de energia renovável podem variar entre diferentes países, estados ou regiões. Compreender e cumprir os requisitos legais e regulatórios específicos pode ser um desafio, especialmente quando há mudanças ou falta de clareza nas leis existentes.

Antes de obter o licenciamento, os projetos de energia renovável precisam ser avaliados quanto à sua viabilidade técnica e econômica. Isso envolve a análise de fatores como a disponibilidade e a consistência dos recursos renováveis, a tecnologia apropriada, os custos de implantação e operação, e a capacidade de geração de energia.

Superar esses desafios requer a colaboração entre as partes interessadas, incluindo órgãos reguladores, empresas de energia, especialistas ambientais, comunidades locais e organizações não governamentais. É essencial buscar soluções sustentáveis que minimizem os impactos ambientais e sociais negativos, ao mesmo tempo em que promovam a transição para fontes de energia mais limpas e renováveis.

A EFICÁCIA DO LICENCIAMENTO NA PROMOÇÃO DA SUSTENTABILIDADE

O licenciamento ambiental desempenha um papel crucial na promoção da sustentabilidade em projetos de energia renovável. Através da avaliação e regulação dos impactos ambientais, busca-se garantir que esses projetos sejam implementados de forma responsável, considerando os aspectos econômicos, sociais e ambientais.

São estabelecidas diretrizes e condicionantes que visam proteger os recursos naturais, como áreas de preservação, mananciais, ecossistemas sensíveis e espécies ameaçadas. Ao considerar os impactos do projeto sobre esses recursos, busca-se evitar danos irreversíveis e promover a conservação da biodiversidade e dos ecossistemas.

Embora desafios e limitações possam existir, a eficácia do licenciamento ambiental na promoção da sustentabilidade está relacionada à sua capacidade de integrar as dimensões ambientais, sociais e econômicas nos processos de tomada de decisão. Ao garantir que os projetos de energia renovável sejam conduzidos de forma responsável e sustentável, o licenciamento contribui para a transição energética e o desenvolvimento sustentável, promovendo uma matriz energética mais limpa e reduzindo a dependência de fontes de energia não renováveis. Isso resulta em uma série de benefícios ambientais, desempenhando um papel fundamental na promoção da sustentabilidade em projetos de energia renovável.

CONSIDERAÇÕES FINAIS

Este artigo ressalta a importância vital do licenciamento ambiental no contexto dos projetos de energia renovável. A análise demonstrou que o licenciamento desempenha um papel essencial na mediação entre o desenvolvimento de energia sustentável e a preservação ambiental, equilibrando eficazmente os impactos ambientais, a participação pública e o cumprimento rigoroso das condições estabelecidas.

No entanto, identificamos desafios significativos que permeiam o processo de licenciamento, como a complexidade burocrática, a falta de padronização nas avaliações e procedimentos, e a necessidade imperativa de avaliações ambientais abrangentes. Tais desafios apontam para a necessidade de uma reformulação e aprimoramento contínuo do processo de licenciamento, enfatizando a simplificação de procedimentos, a harmonização de diretrizes e o fortalecimento do monitoramento e fiscalização.

Além disso, este estudo ressalta a contribuição crucial do licenciamento para a promoção da inovação tecnológica em energias renováveis, um aspecto fundamental para a transição para uma matriz energética mais limpa e sustentável. O engajamento e a colaboração entre os diversos atores, incluindo empreendedores, órgãos reguladores, comunidade científica, sociedade civil e comunidades locais, emergem como elementos chave para superar os desafios identificados e impulsionar a sustentabilidade nos projetos de energia renovável.

O artigo conclui que, apesar dos desafios, o aperfeiçoamento contínuo do licenciamento ambiental é indispensável para assegurar que a geração de energia a partir de fontes renováveis seja realizada de forma responsável, alinhada com a preservação ambiental e contribuindo de maneira significativa para um futuro mais sustentável. Este estudo reforça a importância de uma avaliação crítica e do aprimoramento constante do licenciamento ambiental, visando maximizar seus benefícios ambientais, sociais e econômicos, e apoiar uma transição energética mais sustentável e equitativa.

REFERÊNCIAS BIBLIOGRÁFICAS

BERMANN, Célio. Crise ambiental e as energias renováveis. Cienc. Cult. [onlline]. 2008. Disponível em <https://www.iee.usp.br/sites/default/files/biblioteca/producao/2008/Artigos%20de%20Periodicos/bermanncrise.pdf> Acessado 02 em janeiro de 2024.

Ministério do Meio Ambiente (BR). Lei Federal nº 6.938, de 31 de agosto de 1981. Dispõe sobre a Política Nacional do Meio Ambiente, seus fins e mecanismos de formulação e aplicação. Diário Oficial da União, Brasília, DF, 2 set. 1981. Seção 1, p. 15437.

Conselho Nacional do Meio Ambiente (BR). Resolução CONAMA nº 001, de 23 de janeiro de 1986. Estabelece critérios e diretrizes gerais para o licenciamento de atividades efetiva ou potencialmente poluidoras, e dá outras providências. Diário Oficial da União, Brasília, DF, 17 fev. 1986. Seção 1, p. 1447.

ANTUNES, Paulo de Bessa. Direito Ambiental. 12ª ed. Rio de Janeiro: Lumen Júris, 2010, p. 146.

FARIAS, Talden apud ANTUNES, Paulo de Bessa. Direito Ambiental. 12ª ed. Rio de Janeiro: Lumen Júris, 2010, p. 146.

GODOY, André Vanoni de. A eficácia do licenciamento ambiental como um instrumento público de gestão do meio ambiente. Brasília: OAB editora, 2005, p. 10.

OLIVEIRA, Carla Maria Frantz de Vasconcelos. Licenciamento Ambiental. 2012.

123 f. (Curso de Pós-Graduação em Direito) - Universidade Federal do Rio Grande do Sul, Porto Alegre, 2012. Disponível em: https://www.lume.ufrgs.br /handle/10183/147530. Acesso em: 15 set. 2023.

GASPARINI, Diógenes. Direito Administrativo. 9ª ed. São Paulo: Saraiva, 2004, p. 84/85.

FILHO, José dos Santos Carvalho. Manual de Direito Administrativo. 17ª ed. Rio de Janeiro: Lúmen Júris, 2007, p. 126/127.